HLAVNÍ IKONICKÉ RECEPTY NEW YORKU

Od Street Eats po Hidden Gems: 100 receptů z New Yorku

PETR RYBÁŘ

Materiál chráněný autorským právem ©2024

Všechna práva vyhrazena

Žádná část této knihy nesmí být použita nebo přenášena v jakékoli formě nebo jakýmikoli prostředky bez řádného písemného souhlasu vydavatele a vlastníka autorských práv, s výjimkou krátkých citací použitých v recenzi. Tato kniha by neměla být považována za náhradu lékařských, právních nebo jiných odborných rad.

OBSAH

- OBSAH 3
- ÚVOD 6
- **B REAKFAST** 7
  - 1. BAGELY S LOXEM A SMETANOVÝM SÝREM 8
  - 2. SNÍDAŇOVÁ PIZZA VE STYLU NEW YORKU 10
  - 3. VŠE, BAGEL, ŠUNKA A SÝROVÝ SENDVIČ 12
  - 4. KLASICKÉ PALAČINKY VE STYLU NEW YORKU 14
  - 5. KREVETOVÉ A KRABÍ OMELETY 16
  - 6. BORŮVKOVÉ MUFFINY VE STYLU NEW YORKU 18
  - 7. SNÍDAŇOVÝ VAJEČNÝ KOŇAK 20
  - 8. QUICHE LORRAINE 22
  - 9. PLECHOVÉ MUFFINY FRITTATAS S VAJÍČKEM 24
  - 10. JABLEČNÉ KOBLIHY 26
- **STARTOVAČE** 28
  - 11. MĚKKÉ PRECLÍKY S HOŘČIČNÝM DIPEM 29
  - 12. ŠPENÁTOVÝ A ARTYČOKOVÝ DIP VE STYLU NEW YORKU 31
  - 13. KREVETOVÝ KOKTEJL VE STYLU NEW YORKU 33
  - 14. VAJEČNÉ ROLKY REUBEN VE STYLU NEW YORKU 35
  - 15. BUFFALO CHICKEN WINGS VE STYLU NEW YORKU 37
  - 16. PLNĚNÉ HOUBY VE STYLU NEW YORKU 39
  - 17. TOAST S KREVETAMI 41
  - 18. KUKUŘIČNÉ DORTY JOHNNY 43
  - 19. CITRONOVÉ KUŘECÍ NUDLIČKY 45
  - 20. HOECAKES 48
- **HLAVNÍ CHOD** 50
  - 21. PIZZA VE STYLU NEW YORKU 51
  - 22. KUŘE A RÝŽE VE STYLU NEW YORKU 53
  - 23. HOVĚZÍ SENDVIČ PASTRAMI VE STYLU NEW YORKU 55
  - 24. STEAKHOUSE VE STYLU NEW YORKU STRIP STEAK 57
  - 25. ZÁKLADNÍ SMAŽENÉ KUŘE 59
  - 26. GRILOVANÉ ÚSTŘICE S ČESNEKOVÝM PARMAZÁNOVÝM MÁSLEM 61
  - 27. GRILOVANÉ ZELENÉ FAZOLKY S POMERANČEM A SEZAMEM: 63
  - 28. SMAŽENÉ KUŘE 65
  - 29. HOVĚZÍ PEČENĚ S HOUBOVOU OMÁČKOU 67
  - 30. DUŠENÉ HOVĚZÍ MASO A BRAMBORY 69
  - 31. ŠPENÁT NA SMETANĚ 71
  - 32. SMAŽENÉ ÚSTŘICE 73
  - 33. APPLE PAN DOWDY 75
  - 34. SMAŽENÉ ÚSTŘICE 77

35. Flank Steak 79
36. Pikantní steak 81
37. Sherry krevety 83
38. Dušené hovězí maso 85
39. Humr Newburg 87
40. Parmazán z lilku ve stylu New Yorku 89
41. Hovězí pečeně s jorkšírským pudinkem 91
42. Krémová Cheesy Grits 93
43. Kuřecí Fricassee 95
44. Špenát na smetaně 97
45. Kuře a brokolice Alfredo 99
46. Bramborový kugel 101
47. Brambory Razorback 103
48. Dušené hovězí 105
49. Biftek koláč 107
50. Pinto fazole a šunka 109
51. Boston Pečené fazole 111
52. Pečený plněný jeseter 113
53. Lobster Roll ve stylu New Yorku 115
54. Vegetariánský bagelový sendvič 117

POLÉVKY A POLÉVKY 119
55. Matzo kuličková polévka ve stylu New Yorku 120
56. Rajčatová bazalková polévka ve stylu New Yorku 122
57. Kuřecí nudlová polévka ve stylu New Yorku 124
58. Hrachová polévka ve stylu New Yorku 126
59. Polévka Minestrone ve stylu New Yorku 128
60. Kukuřičná polévka ve stylu New Yorku 130
61. Hovězí a ječmenná polévka ve stylu New Yorku 132
62. Klasická newyorská polévka ze škeblí 134
63. Francouzská cibulová polévka 136
64. Manhattan Clam Chowder 138
65. Vůl tail polévka 140
66. Rybí polévka 142

PŘÍLOHY A SALÁTY 144
67. Deli Coleslaw ve stylu New Yorku 145
68. Bramborový salát ve stylu New Yorku 147
69. Waldorfský salát ve stylu New Yorku 149
70. Špenátový salát se slaninou a modrým sýrem 151
71. Salát Caprese ve stylu New Yorku 153
72. Česnekové uzly ve stylu New Yorku 155
73. Caesar salát ve stylu New Yorku 157
74. Zapečené makarony a sýr 159
75. Kale a quinoa salát ve stylu New Yorku 161

76. Pomerančová marmeláda 163
77. Sladké bramborové hranolky ve stylu New Yorku 165
78. Růžičková kapusta pečená na česneku 167
79. Okurkový salát ve stylu New Yorku 169
80. Klasické makarony a sýr 171

DEZERT 173
81. Cheesecake ve stylu New Yorku 174
82. Jablečný koláč ve stylu New Yorku 176
83. Kukuřičný pudink 178
84. Třešňový pudink 180
85. Čokoládová Babka ve stylu New Yorku 182
86. Smažené jablečné koláče 184
87. Vařený pudink 186
88. Černobílé muffiny ve stylu New Yorku 188
89. Shoo-Fly Pie 190
90. Koloniální perník 192
91. Cheesecake s pudinkem na vanilkovém pudinku 194
92. Bourbon Cherry Topping 197
93. Vanilková zmrzlina 199
94. Černé a bílé sušenky 201
95. Drobkový dort ve stylu New Yorku 203
96. Černé a bílé cookie zmrzlinové sendviče 205
97. Rugelach ve stylu New Yorku 207
98. Čokoládový vaječný krém ve stylu New Yorku 209
99. Linzer Torte ve stylu New Yorku 211
100. Banánový pudink ve stylu New Yorku 213

ZÁVĚR 215

ÚVOD

Vítejte v rušném kulinářském vesmíru města, které nikdy nespí! V „Hlavní ikonické recepty new yorku" vás zveme, abyste se vydali na gastronomické dobrodružství v rozmanité a pulzující krajině jednoho z největších světových potravinových měst – New Yorku. Tato kuchařka je vaším pasem k objevování a znovuvytváření ikonických chutí, které definují podstatu Big Apple, od pouličních jídel až po skryté skvosty, které se staly kulinářskými legendami.

Představte si živé ulice, kaleidoskop kultur a neodolatelnou vůni linoucí se z vozíků s jídlem a legendárních restaurací. Těchto 100 receptů je poctou tavícímu kotli vlivů, které dělají newyorskou kulinářskou scénu tak jedinečnou, od syčení grilů pouličních prodavačů až po gurmánské kuchyně zastrčené v eklektických městských čtvrtích .

Kromě receptů je tato kolekce oslavou městské kulturní tapisérie – přikývnutím komunit přistěhovalců, historickým čtvrtím a inovativním kuchařům, kteří utvářeli gastronomickou identitu New Yorku. Takže, ať už jste místní toužící po chuti domova nebo dobrodružný domácí kuchař toužící přinést kousek newyorského kouzla do vaší kuchyně, tyto recepty jsou vytvořeny tak, aby zachytily ducha a chuť města.

Připojte se k nám, když budeme procházet čtvrtěmi a odhalovat kulinární tajemství, díky nimž je každý recept nezbytnou součástí kultovní kultury jídla v New Yorku. Od klasických bagelů až po tajné hamburgery nabité omáčkou, vydejme se na tuto chutná cestu přes „Hlavní ikonické recepty new yorku".

BREAKFAST

1. Bagely s loxem a smetanovým sýrem

SLOŽENÍ:
- 4 bagely v newyorském stylu
- 8 oz uzeného lososa (lox)
- 1 šálek smetanového sýra
- Červená cibule, nakrájená na tenké plátky
- Kapary

INSTRUKCE:
a) Bagely rozkrojte napůl a opečte.
b) Na každou polovinu rozetřete velké množství smetanového sýra.
c) Navrch dejte uzený losos, plátky červené cibule a kapary.
d) Podávejte a užívejte si!

2.Snídaňová pizza ve stylu New Yorku

SLOŽENÍ:
- 1 těsto na pizzu (koupené v obchodě nebo domácí)
- 1 hrnek strouhaného sýra mozzarella
- 4 velká vejce
- 4 plátky slaniny, uvařené a rozdrobené
- 1/2 šálku cherry rajčat, napůl
- Nakrájená pažitka na ozdobu

INSTRUKCE:
a) Předehřejte troubu na teplotu uvedenou na obalu těsta na pizzu nebo na vašem domácím receptu.
b) Těsto na pizzu vyválejte na plech.
c) Na těsto rovnoměrně posypeme sýrem mozzarella.
d) V sýru vytvořte jamky a do každé rozklepněte vajíčko.
e) Navrch přidáme slaninu a cherry rajčata.
f) Pečte, dokud kůrka nezezlátne a vejce uvařená podle vaší chuti.
g) Ozdobte nasekanou pažitkou a podávejte.

3. Vše, bagel, šunka a sýrový sendvič

SLOŽENÍ:
- 2 bagety všeho druhu
- 4 velká vejce
- 4 plátky sýra čedar
- 8 plátků lahůdkové šunky nebo slaniny nakrájené na tenké plátky
- Sůl a pepř na dochucení

INSTRUKCE:
a) Opečte všechny bagety.
b) Vejce uvařte podle své chuti (smažená nebo míchaná).
c) Na spodní polovinu každého bagelu navrstvěte plátek sýra, šunky nebo slaniny a vejce.
d) Poklaďte druhou polovinou bagelu a podávejte.

4.Klasické palačinky ve stylu New Yorku

SLOŽENÍ:
- 1 hrnek univerzální mouky
- 2 lžíce cukru
- 1 lžička prášku do pečiva
- 1/2 lžičky jedlé sody
- 1/4 lžičky soli
- 1 šálek podmáslí
- 1 velké vejce
- 2 lžíce nesoleného másla, rozpuštěného

INSTRUKCE:
a) V míse smícháme mouku, cukr, prášek do pečiva, jedlou sodu a sůl.
b) V jiné míse prošlehejte podmáslí, vejce a rozpuštěné máslo.
c) Nalijte mokré ingredience do suchých a míchejte, dokud se nespojí.
d) Rozehřejte pánev nebo pánev na střední teplotu a těsto nalijte na povrch.
e) Vařte, dokud se na povrchu nevytvoří bublinky, poté otočte a vařte dozlatova z druhé strany.

5. Krevetové a krabí omelety

SLOŽENÍ:
- 4 vejce
- 3 lžíce husté smetany
- Košer sůl a černý pepř podle chuti
- 1 lžíce olivového oleje
- ¼ šálku nakrájených hub
- ¼ šálku čerstvého špenátu
- ¼ šálku vařeného krevetového masa
- ¼ šálku hrudkového krabího masa
- ¼ šálku strouhaného sýra Havarti

INSTRUKCE
a) V malé míse smíchejte vejce a hustou smetanu a šlehejte, dokud se dobře nespojí. Přisypeme sůl, pepř a promícháme. Nastavte na stranu.
b) Do velké pánve na středním plameni nakapejte olivový olej. Když je olej rozpálený, vhoďte do pánve houby a špenát a vařte do měkka. Vyjměte z pánve a dejte stranou.
c) Vlijte vejce a vařte 2 minuty. Vsypte krevety, kraba, sýr, houby a špenát. Omeletu přeložte napůl a vařte ještě 2 minuty, poté vyjměte z pánve. Podávejte a užívejte si!

6. Borůvkové muffiny ve stylu New Yorku

SLOŽENÍ:
- 2 hrnky univerzální mouky
- 1 šálek krystalového cukru
- 2 lžičky prášku do pečiva
- 1/2 lžičky jedlé sody
- 1/4 lžičky soli
- 1/2 šálku nesoleného másla, rozpuštěného
- 1 šálek podmáslí
- 2 velká vejce
- 1 lžička vanilkového extraktu
- 1 1/2 šálku čerstvých nebo mražených borůvek

INSTRUKCE:
a) Předehřejte troubu na 375 °F (190 °C) a vyložte formu na muffiny papírovými vložkami.
b) Ve velké míse smíchejte mouku, cukr, prášek do pečiva, jedlou sodu a sůl.
c) V jiné míse prošlehejte rozpuštěné máslo, podmáslí, vejce a vanilkový extrakt.
d) Nalijte mokré ingredience do suchých a míchejte, dokud se nespojí.
e) Jemně vmícháme borůvky.
f) Těsto rozdělte do košíčků na muffiny a pečte 18–20 minut, nebo dokud nevyjde zapíchnuté párátko čisté.

7. Snídaňový vaječný koňak

SLOŽENÍ:
- 4 vejce, dobře rozšlehaná
- ⅛ lžičky soli
- 1 litr mléka
- ¼ šálku cukru
- 1 lžička vanilky
- Muškátový oříšek

INSTRUKCE:
a) Smíchejte všechny ingredience kromě muškátového oříšku.
b) Dobře promíchejte.
c) V případě potřeby vychlaďte
d) Posypeme muškátovým oříškem.

8.Quiche Lorraine

SLOŽENÍ:
- 1½ šálku (6 uncí) strouhaného švýcarského sýra
- 8 plátků slaniny nebo šunky, vařené a rozdrobené
- 3 vejce
- 1 šálek husté smetany
- ½ šálku mléka
- ¼ lžičky pepře
- 1 předem připravená mražená koláčová kůra

INSTRUKCE:

a) Do koláčové kůrky vyložené pečivem nasypeme sýr a slaninu/šunku.

b) Zbylé ingredience smícháme dohromady a nalijeme na sýr a šunku.

c) Pečeme při 375 stupních 45 minut.

9.Plechové muffiny Frittatas s vajíčkem

SLOŽENÍ:
- 1 žlutá cibule, oloupaná a nakrájená
- 2 lžičky olivového oleje
- 1 balíček mražený nasekaný špenát, rozmražený
- Olej na vaření ve spreji
- 6 uncí sýra feta
- 1 rajče, nakrájené
- Sůl a pepř
- 1 pinta bílků nebo bílků z 8 vajec

INSTRUKCE:
a) Předehřejte troubu na 300 °F.
b) Formu na 12 muffinů vymažte sprejem na vaření.
c) Ve velké pánvi rozehřejte olej na středně mírném ohni.
d) Přidejte cibuli a vařte do měkka, asi 3 minuty.
e) Ze špenátu vymačkáme vodu a přidáme k uvařené cibuli.
f) Přidejte sýr feta a rajčata a dochuťte solí a pepřem podle chuti.
g) Tuto směs velkou lžící rozdělte do každého košíčku na muffiny ve formě.
h) Opatrně do každé nalijte bílky a ponechte trochu místa, asi ¼ palce, aby vykynul.
i) Pečte 15 až 20 minut, nebo dokud frittaty nevykynou a neztuhnou.
j) Umístěte na chladicí mřížku na 10 minut a poté vyjměte z pohárů.

10. Jablečné koblihy

SLOŽENÍ:
- 2 hrnky mouky
- 1/2 šálku cukru
- 2 lžičky prášku do pečiva
- 1/2 lžičky jedlé sody
- 1 lžička skořice
- 1/2 lžičky muškátového oříšku
- 1/2 lžičky soli
- 2 vejce
- 1/2 šálku jablečného moštu
- 1/4 šálku mléka
- 1/4 šálku rozpuštěného másla
- Rostlinný olej, na smažení

INSTRUKCE:
a) V míse smíchejte mouku, cukr, prášek do pečiva, jedlou sodu, skořici, muškátový oříšek a sůl.
b) V samostatné misce rozšlehejte vejce, jablečný mošt, mléko a rozpuštěné máslo.
c) Přidejte mokré ingredience k suchým a míchejte, dokud se dobře nespojí.
d) Zahřejte rostlinný olej ve fritéze nebo hrnci se silným dnem na 375 °F (190 °C).
e) Pomocí vykrajovátka na koblihy nebo vykrajovátka na cukroví vykrajujte z těsta koblihy.
f) Koblihy smažíme na rozpáleném oleji z obou stran do zlatova.
g) Nechte okapat na papírových utěrkách a podávejte teplé.

STARTOVAČE

11. Měkké preclíky s hořčičným dipem

SLOŽENÍ:
- 1 1/2 šálku teplé vody
- 1 lžíce cukru
- 2 lžičky košer soli
- 1 balení aktivního sušeného droždí
- 4 1/2 šálků univerzální mouky
- 4 lžíce nesoleného másla, rozpuštěného
- Sprej na vaření
- 10 šálků vody
- 2/3 šálku jedlé sody
- Hrubá sůl na posypání

INSTRUKCE:
a) V misce smíchejte teplou vodu, cukr a košer sůl. Vodu rozdrobíme droždím a necháme 5 minut uležet nebo dokud nezpění.
b) Ve velké míse smíchejte mouku a rozpuštěné máslo. Nalijte směs droždí a míchejte, dokud nevznikne těsto.
c) Těsto prohněteme na pomoučené ploše a poté nakrájíme na stejně velké porce.
d) Předehřejte troubu na 450 °F (230 °C). Přiveďte k varu 10 šálků vody, přidejte jedlou sodu.
e) Každý preclík vařte 30 sekund a poté položte na plech. Posypte hrubozrnnou solí.
f) Pečte 12–15 minut nebo dozlatova. Podáváme s hořčičným dipem.

12. Špenátový a artyčokový dip ve stylu New Yorku

SLOŽENÍ:
- 1 balení (10 uncí) zmrazeného nakrájeného špenátu, rozmraženého a okapaného
- 1 plechovka (14 uncí) artyčokových srdíček, okapaná a nakrájená
- 1/2 šálku majonézy
- 1/2 šálku zakysané smetany
- 1 hrnek strouhaného parmazánu
- 1 hrnek strouhaného sýra mozzarella
- 1 lžička mletého česneku
- Sůl a pepř na dochucení

INSTRUKCE:
a) Předehřejte troubu na 375 °F (190 °C).
b) V misce smícháme špenát, artyčoková srdíčka, majonézu, zakysanou smetanu, parmezán, mozzarellu a česnek.
c) Dochuťte solí a pepřem.
d) Směs přendejte do zapékací mísy a pečte 25–30 minut nebo do zhnědnutí a dozlatova.
e) Podáváme s tortilla chipsy nebo nakrájenou bagetou.

13. Krevetový koktejl ve stylu New Yorku

SLOŽENÍ:
- 1 libra velkých krevet, oloupaných a zbavených žilek
- 1 citron, nakrájený na měsíčky
- Koktejlová omáčka:
- 1 hrnek kečupu
- 2 lžíce křenu
- 1 lžíce worcesterské omáčky
- 1 lžička horké omáčky (upravte podle chuti)

INSTRUKCE:
a) Přiveďte k varu hrnec s vodou. Přidejte krevety a vařte do růžova a neprůhlednosti, asi 3 minuty.

b) Sceďte a přeneste krevety do ledové lázně, aby vychladly.

c) Na koktejlovou omáčku smíchejte v misce kečup, křen, worcesterskou omáčku a horkou omáčku.

d) Vychlazené krevety podávejte s měsíčky citronu a koktejlovou omáčkou.

14. Vaječné rolky Reuben ve stylu New Yorku

SLOŽENÍ:
- 8 obalů na vaječné rolky
- 1 šálek uzeného hovězího masa, nakrájeného na tenké plátky
- 1 hrnek kysaného zelí, okapané
- 1 šálek švýcarského sýra, nastrouhaného
- Dresink Thousand Island na namáčení
- Rostlinný olej na smažení

INSTRUKCE:
a) Položte obal na rolku a naplňte malým množstvím uzeného hovězího masa, kysaného zelí a švýcarského sýra.
b) Rolujte podle návodu na obalu, okraje utěsněte vodou.
c) Zahřejte rostlinný olej na pánvi na 180 °C a smažte rolky do zlatova.
d) Podávejte s dresinkem Thousand Island na namáčení.

15. Buffalo Chicken Wings ve stylu New Yorku

SLOŽENÍ:
- 2 lbs kuřecí křidélka, rozdělená v kloubech, špičky vyřazeny
- 1/2 šálku nesoleného másla, rozpuštěného
- 1/2 šálku horké omáčky (jako je Frank's RedHot)
- 1/4 lžičky kajenského pepře
- 1/4 lžičky česnekového prášku
- Dresink z modrého sýra a celerové tyčinky k podávání

INSTRUKCE:
a) Předehřejte troubu na 400 °F (200 °C) a vyložte plech pečicím papírem.
b) Křídla pečte na připraveném plechu asi 45-50 minut, v polovině otočte.
c) V misce smíchejte rozpuštěné máslo, horkou omáčku, kajenský pepř a česnekový prášek.
d) Upečená křídla vhoďte do omáčky, dokud nebudou rovnoměrně obalená. Podávejte s dresinkem z modrého sýra a celerovými tyčinkami.

16. Plněné houby ve stylu New Yorku

SLOŽENÍ:

- 20 velkých bílých hub, zbavených stopek a nakrájených nadrobno
- 1/2 šálku strouhanky
- 1/2 šálku strouhaného parmazánu
- 2 stroužky česneku, mleté
- 2 lžíce čerstvé petrželky, nasekané
- Sůl a pepř na dochucení
- Olivový olej na pokapání

INSTRUKCE:

a) Předehřejte troubu na 375 °F (190 °C) a vyložte plech pečicím papírem.
b) V misce smíchejte nakrájené houbové stonky, strouhanku, parmazán, česnek, petržel, sůl a pepř.
c) Směsí naplňte každou houbovou čepici a položte na plech.
d) Naplněné houby pokapejte olivovým olejem a pečte 20–25 minut nebo do zlatova.

17.Toast s krevetami

SLOŽENÍ:
- 6 anglických muffinů, opečených a rozdělených
- 4½ unce konzervovaných krevet, scezených
- 2½ lžičky majonézy
- Česnekový prášek podle chuti
- 1 tyčinkový margarín
- 1 sklenice KRAFT „staroanglického" sýra

INSTRUKCE:
a) Na ohni promícháme a rozetřeme na poloviny muffinů.
b) Grilujte dozlatova a nakrájejte na 4.
c) Můžete to udělat dopředu a zmrazit.

18. Kukuřičné dorty Johnny

SLOŽENÍ:
- 1 šálek žluté kukuřičné mouky
- 1 hrnek mouky
- 1 lžíce cukru
- 1 lžička prášku do pečiva
- 1/2 lžičky soli
- 2 vejce
- 1 šálek mléka
- 1/4 šálku rostlinného oleje
- Máslo na smažení

INSTRUKCE:
a) Ve velké míse smíchejte kukuřičnou mouku, mouku, cukr, prášek do pečiva a sůl.
b) V samostatné misce rozšlehejte vejce, mléko a rostlinný olej.
c) Nalijte mokré ingredience do suchých a míchejte, dokud se nespojí.
d) Rozpalte velkou pánev na středně vysokou teplotu a přidejte malé množství másla.
e) Pomocí lžíce nebo naběračky dejte těsto na pánev po 1/4 šálku.
f) Vařte, dokud okraje neztuhnou a povrch koláče není bublinkový, poté otočte a vařte, dokud druhá strana lehce nezhnědne.
g) Opakujte se zbývajícím těstem a podle potřeby přidejte další máslo, aby se nelepilo.
h) Podávejte horké s polevou z bourbonské třešně.

19. Citronové kuřecí nudličky

SLOŽENÍ:
- 2 libry vykostěných kuřecích prsou

TĚSTO:
- ½ šálku mouky
- ½ šálku kukuřičného škrobu
- ¼ lžičky česnekové soli
- ½ lžičky dvojčinného prášku do pečiva
- ½ lžičky rostlinného oleje

OMÁČKA:
- 2 velké citrony
- 3 lžíce hnědého cukru
- ½ šálku bílého vína
- 1 lžička kukuřičného škrobu
- 2 lžičky vody
- snítky petrželky na ozdobu
- olej na fritování

INSTRUKCE:

a) Zahřejte olej na 350 ° F v holandské troubě nebo fritovacím hrnci.
b) Vykostěná kuřecí prsa nakrájejte na proužky asi 3" dlouhé a ½" široké. Umístěte je do mělké misky a zakryjte plastovým obalem a dejte stranou.
c) Ve střední míse smíchejte velkou lžící mouku, kukuřičný škrob, prášek do pečiva, sůl a olej a míchejte do hladka.
d) Jeden citron nakrájejte na ¼" plátky a dejte stranou. Vymačkejte šťávu z druhého citronu do misky, přidejte cukr a bílé víno a dobře promíchejte. Dát stranou.
e) V malém šálku smíchejte kukuřičný škrob a 2 lžičky vody. Míchejte do úplného promíchání. Dát stranou.
f) Každý kousek kuřete ponořte do těstíčka a přebytek nechte okapat zpět do mísy.
g) Smažte kuře v malých dávkách po 10–12 kusech. Kuřecí nudličky by měly za 4–5 minut pěkně zhnědnout. Ujistěte se, že se neslepují.
h) Hotové proužky vyjmeme z oleje děrovanou lžící a necháme okapat na papírových utěrkách.
i) Citronovou omáčku uvařte tak, že směs citron-cukr-vína nalijete do malého hrnce a přivedete tekutinu k varu na vysoké teplotě. Přidejte směs kukuřičného škrobu a vody a míchejte, dokud směs nezhoustne.
j) Scezené kousky kuřete položte na barevný talíř, přidejte plátky citronu na ozdobu a posypte petrželkou. Citronovou omáčku podávejte bokem.

20. Hoecakes

SLOŽENÍ:
- 1 šálek žluté kukuřičné mouky
- 1/4 lžičky soli
- 1/4 lžičky jedlé sody
- 1 šálek vroucí vody
- Rostlinný olej na smažení

INSTRUKCE:
a) Ve střední misce prošlehejte kukuřičnou mouku, sůl a jedlou sodu.
b) Postupně za stálého míchání vmícháme vroucí vodu, dokud není směs hladká.
c) Zahřejte asi 1/4 palce rostlinného oleje ve velké pánvi na středně vysokou teplotu.
d) Lžících těsta vhazujte do rozpáleného oleje a opékejte dozlatova a křupava, asi 2-3 minuty z každé strany.
e) Hoecakes nechte okapat na papírových utěrkách a podávejte horké.

HLAVNÍ CHOD

21. Pizza ve stylu New Yorku

SLOŽENÍ:
- Těsto na pizzu (koupené v obchodě nebo domácí)
- 1 šálek omáčky na pizzu
- 2 šálky strouhaného sýra mozzarella
- Polevy dle vlastního výběru (pepřiky, žampiony, paprika atd.)
- Olivový olej
- kukuřičná mouka (na posypání)

INSTRUKCE:
a) Předehřejte troubu na nejvyšší teplotu (obvykle kolem 475 °F nebo 245 °C).
b) Těsto na pizzu vyválejte na pomoučněné ploše a poté přendejte na pizza kámen nebo plech vysypaný maizenou.
c) Omáčku na pizzu rovnoměrně rozetřete na těsto a nechte okraj pro kůrku.
d) Omáčku posypte strouhaným sýrem mozzarella a přidejte své oblíbené polevy.
e) Vršek pokapejte trochou olivového oleje a pečte v předehřáté troubě 12–15 minut, nebo dokud kůrka nezezlátne a sýr nebude bublinkový.

22. Kuře a rýže ve stylu New Yorku

SLOŽENÍ:
- 4 kuřecí prsa bez kostí a kůže
- 2 šálky bílé rýže, vařené
- 1 hrnek kuřecího vývaru
- 1 šálek mraženého hrášku
- 1/2 šálku mrkve, nakrájené na kostičky
- 1/4 šálku cibule, jemně nakrájené
- 2 stroužky česneku, mleté
- 2 lžíce olivového oleje
- Sůl a pepř na dochucení

INSTRUKCE:
a) Kuřecí prsa osolíme a opepříme.
b) Ve velké pánvi rozehřejte olivový olej na středním plameni. Přidejte kuře a vařte, dokud z obou stran nezhnědne a nepropeče.
c) Vyjměte kuře z pánve a dejte stranou.
d) Na stejné pánvi orestujte cibuli, česnek a mrkev, dokud nezměknou.
e) Přidejte kuřecí vývar a hrášek, vařte, dokud se hrášek neprohřeje.
f) Uvařené kuře naporcujeme a podáváme na lůžku z uvařené rýže se zeleninovou směsí.

23. Hovězí sendvič Pastrami ve stylu New Yorku

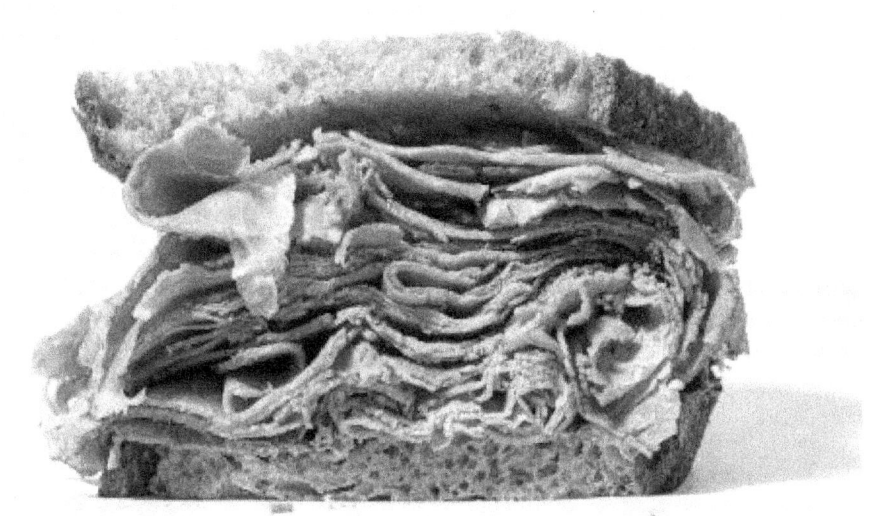

SLOŽENÍ:
- Nakrájený žitný chléb
- Na tenké plátky nakrájené hovězí pastrami
- Švýcarský sýr, nakrájený na plátky
- Kysané zelí, okapané
- dresink Tisíc ostrovů
- Máslo

INSTRUKCE:
a) Namažte jednu stranu každého plátku žitného chleba.
b) Na nepomazanou stranu navrstvíme pastrami, švýcarský sýr a kysané zelí.
c) Druhý krajíc chleba potřete dresinkem Thousand Island a položte ho dresinkem dolů na kysané zelí.
d) Sendvič grilujte na pánvi na středním ohni, dokud chléb nezezlátne a sýr se nerozpustí.

24. Steakhouse ve stylu New Yorku Strip Steak

SLOŽENÍ:
- 4 strips steaky (asi 1 palec tlusté)
- Sůl a černý pepř podle chuti
- Olivový olej
- 4 lžíce nesoleného másla
- 4 stroužky česneku, nasekané
- Snítky čerstvého tymiánu

INSTRUKCE:
a) Předehřejte troubu na 400 °F (200 °C).
b) Steaky dochutíme solí a pepřem.
c) Zahřejte olivový olej na pánvi vhodné do trouby na vysokou teplotu. Steaky opečte z obou stran do hněda.
d) Do pánve přidejte máslo, nasekaný česnek a tymián. Steaky potírejte rozpuštěným máslem.
e) Pánev přendejte do předehřáté trouby a pečte 5–7 minut pro medium-rare, nebo déle pro požadovanou propečenost.
f) Před podáváním nechte steaky pár minut odpočinout.

25.Základní smažené kuře

SLOŽENÍ:
- ⅓ šálku mouky
- 1 lžička soli nebo podle chuti
- ¼ lžičky mletého pepře nebo podle chuti
- 1 kuře nakrájené na porce
- ½ šálku zeleninového tuku

INSTRUKCE:

a)   Ve velkém plastovém sáčku smíchejte mouku se solí a pepřem. Protřepejte kuře v sáčku se směsí. Ve velké hluboké pánvi na středním plameni roztavíme tuk.

b)   Kuře vařte odkryté, zahřívejte 20 až 30 minut z každé strany nebo dokud nebude propečené.

26. Grilované ústřice s česnekovým parmazánovým máslem

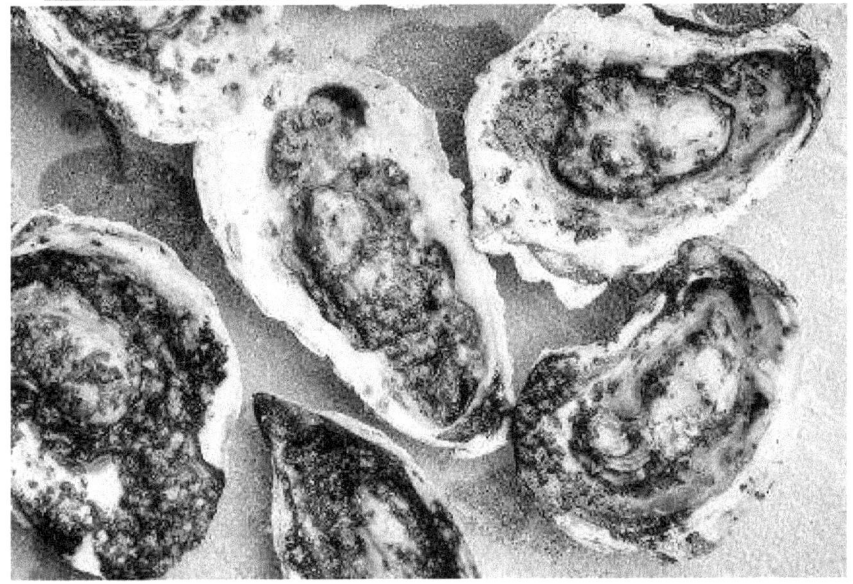

SLOŽENÍ:
- 24 ústřic, vyloupaných, s rezervou polovičních skořápek
- 1/2 šálku nesoleného másla, změkčeného
- 2 stroužky česneku, mleté
- 1/2 šálku strouhaného parmazánu
- 1/4 šálku nasekané čerstvé petrželky
- Sůl a pepř na dochucení
- Klínky citronu, k podávání

INSTRUKCE:
a) Předehřejte gril na vysokou teplotu.
b) V malé misce smíchejte máslo, česnek, parmazán, petržel, sůl a pepř, dokud se dobře nespojí.
c) Polovinu skořápky ústřice položte na gril.
d) Do každé skořápky přidejte malé množství česnekového parmazánového másla.
e) Na máslo v každé skořápce položte ústřici.
f) Na každou ústřici dejte více česnekového parmazánového másla.
g) Grilujte ústřice asi 5 minut, nebo dokud se máslo nerozpustí a ústřice se neprovaří.
h) Podávejte horké s měsíčky citronu.

27. Grilované zelené fazolky s pomerančem a sezamem:

SLOŽENÍ:
- 1 libra čerstvých zelených fazolek, nakrájených
- 1 lžíce rostlinného oleje
- 1 lžička sezamového oleje
- 2 lžíce pomerančové šťávy
- 1 lžička nastrouhané pomerančové kůry
- 1 lžíce pražených sezamových semínek
- Sůl a pepř na dochucení

INSTRUKCE:
a) Předehřejte gril na vysokou teplotu.
b) Ve velké míse smíchejte rostlinný olej, sezamový olej, pomerančový džus, pomerančovou kůru, sůl a pepř.
c) Přidejte zelené fazolky do mísy a promíchejte, aby se obalily.
d) Umístěte zelené fazolky na gril a opékejte asi 5-7 minut, nebo dokud nezměknou a lehce zuhelnatí.
e) Vyjměte zelené fazolky z grilu a přendejte do servírovací misky.
f) Zelené fazolky posypte praženými sezamovými semínky.
g) Podávejte horké.

28. Smažené kuře

SLOŽENÍ:
- 2-3 libry kuřecí kousky
- 1 hrnek univerzální mouky
- 1 lžička papriky
- 1 lžička česnekového prášku
- 1 lžička soli
- 1/2 lžičky černého pepře
- Rostlinný olej na smažení

INSTRUKCE:
a) Ve velké míse smíchejte mouku, papriku, česnekový prášek, sůl a černý pepř.
b) Kuřecí kousky vydlabejte do moučné směsi a setřeste přebytek.
c) Ve velké pánvi zahřejte asi 1/2 palce rostlinného oleje na středně vysokou teplotu, dokud nebude horký, ale nekouří.
d) Kuřecí kousky opékejte po dávkách dozlatova a propečené, asi 10–12 minut z každé strany.
e) Kuře necháme okapat na papírových utěrkách a podáváme horké.

29. Hovězí pečeně s houbovou omáčkou

SLOŽENÍ:
- 1 3-4 lb hovězí pečeně
- Sůl a černý pepř podle chuti
- 2 lžíce rostlinného oleje
- 2 cibule, nakrájené
- 2 stroužky česneku, mleté
- 8 uncí hub, nakrájených na plátky
- 2 šálky hovězího vývaru
- 1/4 šálku univerzální mouky

INSTRUKCE:
a) Předehřejte troubu na 350 °F.
b) Hovězí výpek dochutíme solí a černým pepřem dle chuti.
c) Ve velké pánvi vhodné do trouby rozehřejte rostlinný olej na středně vysokou teplotu.
d) Hovězí pečínku opečte ze všech stran do zhnědnutí, asi 5–6 minut z každé strany.
e) Přeneste pánev do trouby a pečte hovězí maso asi 1-2 hodiny, nebo dokud nebude upečené na požadovanou propečenost.
f) Vyjměte pánev z trouby a přendejte hovězí maso na prkénko. Stan s fólií a před krájením nechte 10-15 minut odpočinout.
g) 7. Zatímco hovězí maso odpočívá, připravte si houbovou omáčku. Ve stejné pánvi, na které se vaří hovězí maso, orestujte na středním plameni cibuli, česnek a houby, dokud nezměknou a nezhnědnou, asi 5–7 minut.
h) K zelenině přisypte mouku a promíchejte, aby se spojila. Za stálého míchání vařte 1-2 minuty.
i) Postupně za stálého míchání zašleháme hovězí vývar, dokud není směs hladká.
j) Omáčku přiveďte k varu a za občasného míchání vařte 5–10 minut, dokud nezhoustne a mírně zredukuje.
k) Omáčku dochuťte solí a černým pepřem podle chuti.
l) Nakrájené hovězí maso podáváme s houbovou omáčkou na boku.

30.Dušené hovězí maso a brambory

SLOŽENÍ:
- 2 libry hovězího dušeného masa, nakrájeného na kousky velikosti sousta
- Sůl a černý pepř podle chuti
- 2 lžíce rostlinného oleje
- 2 cibule, nakrájené
- 2 stroužky česneku, mleté
- 2 šálky hovězího vývaru
- 4-6 brambor, oloupaných a nakrájených na kousky

INSTRUKCE:
a) Dušené hovězí maso dochutíme solí a černým pepřem podle chuti.
b) Ve velké holandské troubě nebo hrnci zahřejte rostlinný olej na středně vysokou teplotu.
c) Dušené hovězí maso opečte ze všech stran, dokud nezhnědne, asi 5–6 minut z každé strany.
d) Přidejte cibuli a česnek do hrnce a smažte, dokud nezměknou a nezhnědnou, asi 5-7 minut.
e) Do hrnce přidáme hovězí vývar a přivedeme k varu.
f) Snižte teplotu na minimum a hrnec přikryjte. Vařte 1-2 hodiny, nebo dokud není hovězí maso měkké a propečené.
g) Přidejte brambory do hrnce a vařte dalších 30–45 minut, nebo dokud nejsou brambory uvařené a měkké.
h) Omáčku dochutíme solí a černým pepřem podle chuti.
i) Podávejte horké s křupavým chlebem nebo sušenkami.

31. Špenát na smetaně

SLOŽENÍ:
- 2 libry čerstvého špenátu, umytého a nakrájeného
- 2 lžíce nesoleného másla
- 2 lžíce univerzální mouky
- 1 šálek mléka
- 1/2 lžičky soli
- 1/4 lžičky černého pepře
- 1/4 lžičky mletého muškátového oříšku

INSTRUKCE:
a) Ve velkém hrnci nebo holandské troubě blanšírujte špenát ve vroucí vodě po dobu 2–3 minut.
b) Špenát sceďte a opláchněte pod studenou vodou, abyste zastavili proces vaření. Vymačkejte přebytečnou vodu.
c) Ve stejném hrnci rozpustíme na středním plameni máslo.
d) Přidejte mouku a šlehejte do hladka. Za stálého míchání vařte 1-2 minuty.
e) . Postupně za stálého míchání zašleháme mléko, dokud není směs hladká.
f) 6. Přidejte sůl, černý pepř a muškátový oříšek a míchejte, aby se vše spojilo.
g) Do hrnce přidejte blanšírovaný špenát a promíchejte, aby se obalil smetanovou omáčkou.
h) Špenát vařte na středním plameni 5–7 minut, nebo dokud omáčka nezhoustne a špenát se neprohřeje.
i) Podáváme horké jako přílohu.

32.Smažené ústřice

SLOŽENÍ:
- 1 pinta vyloupaných ústřic, okapaných
- 1/2 šálku univerzální mouky
- 1/2 lžičky soli
- 1/4 lžičky černého pepře
- 1/4 lžičky kajenského pepře
- 2 vejce, rozšlehaná
- 1 šálek strouhanky
- Rostlinný olej, na smažení

INSTRUKCE:
a) V mělké misce prošlehejte mouku, sůl, černý pepř a kajenský pepř.
b) V jiné mělké misce rozšleháme vejce.
c) Do třetí mělké misky dejte strouhanku.
d) Každou ústřici ponořte nejprve do moučné směsi, poté do rozšlehaných vajec a nakonec do strouhanky a přebytky setřeste.
e) Zahřejte rostlinný olej ve velké pánvi na středně vysokou teplotu.
f) Smažte ústřice po dávkách, asi 2–3 minuty z každé strany, nebo dokud nebudou zlatohnědé a křupavé.
g) Osmažené ústřice nechte okapat na plechu vyloženém papírovou utěrkou.
h) Podáváme horké s měsíčky citronu a tatarskou omáčkou.

33. Apple Pan Dowdy

SLOŽENÍ:
- 6 šálků nakrájených jablek
- 1/2 šálku hnědého cukru
- 1/2 lžičky mleté skořice
- 1/2 lžičky mletého muškátového oříšku
- 1/2 lžičky soli
- 1/2 šálku nesoleného másla, rozpuštěného
- 1 hrnek univerzální mouky
- 2 lžičky prášku do pečiva
- 1/4 lžičky jedlé sody
- 1/2 šálku mléka

INSTRUKCE:
a) Předehřejte troubu na 375 °F.
b) Ve velké míse smíchejte nakrájená jablka, hnědý cukr, skořici, muškátový oříšek a sůl.
c) Nalijte rozpuštěné máslo do 9palcové čtvercové zapékací misky.
d) Nalijte jablečnou směs na máslo.
e) V jiné míse prošlehejte mouku, prášek do pečiva a jedlou sodu.
f) Míchejte v mléce, dokud se dobře nespojí.
g) Těsto nalijte na jablečnou směs a rovnoměrně ji rozprostřete.
h) Pečte 45–50 minut, nebo dokud není povrch zlatavě hnědý a jablka měkká.
i) Podávejte teplé s vanilkovou zmrzlinou.

34. Smažené ústřice

SLOŽENÍ:
- 1 pinta čerstvých ústřic
- 1 hrnek mouky
- 1/2 lžičky soli
- 1/4 lžičky černého pepře
- 2 vejce, rozšlehaná
- 1/4 šálku mléka
- Olej, na smažení

INSTRUKCE:
a) Ústřice opláchněte a osušte papírovou utěrkou.
b) V míse smícháme mouku, sůl a pepř.
c) V jiné míse prošlehejte vejce a mléko.
d) Ponořte ústřice do moučné směsi, poté do vaječné směsi a poté zpět do moučné směsi.
e) V hluboké pánvi rozehřejte olej na středně vysokou teplotu.
f) Na rozpáleném oleji smažíme ústřice z obou stran dozlatova.
g) Necháme okapat na papírových utěrkách a podáváme horké.

35. Flank Steak

SLOŽENÍ:
- 1 bok steak, 1 ½ až 2 libry
- ½ šálku sójové omáčky
- ½ šálku oleje
- ¼ šálku suchého sherry
- 2 střední stroužky česneku, drcené nebo nasekané
- 2 lžíce strouhaného čerstvého zázvoru nebo 2 lžičky mletého zázvoru
- 1 polévková lžíce strouhané pomerančové kůry

INSTRUKCE:
a) Marinujte steak v sójové omáčce, oleji, suchém sherry, stroužcích česneku, zázvoru a nastrouhané pomerančové kůře.
b) Grilujte 1½ nebo 2 palce od tepla po dobu 3-4 minut.
c) Otočte, potřete marinádou a opékejte ještě 3–4 minuty.
d) Nakrájejte na příčné plátky.

36. Pikantní steak

SLOŽENÍ:
- Steak
- 2 stroužky česneku
- 1 lžíce olivového oleje
- 1½ lžičky sójové omáčky
- ½ lžičky hořčice
- Sůl
- Pepř

INSTRUKCE:
a) Ingredience smícháme a naklepeme na steak.
b) Nechte steak v omáčce asi 2 hodiny.
c) Vařte nebo vařte na sporáku.
d) Lze použít na jeleny.

37. Sherry krevety

SLOŽENÍ:
- ½ tyčinkového másla
- 5 stroužků česneku, rozdrcených
- 1-1½ libry krevety; ostřelován a deveined
- ¼ šálku čerstvé citronové šťávy
- ¼ lžičky pepře
- 1 šálek vaření sherry
- 2 lžíce nasekané petrželky
- 2 lžíce nasekané pažitky
- Sůl podle chuti

INSTRUKCE:
a) Na pánvi na středním plameni rozpustíme máslo. Přidejte česnek, krevety, citronovou šťávu a pepř.

b) Vařte za stáleho míchání, dokud krevety nezrůžoví (asi minut).

c) Přidejte kuchyňské sherry, petrželku a pažitku. Přiveďte pouze k varu.

d) Ihned podávejte na uvařené rýži.

e) Ozdobte citronem.

38. Dušené hovězí maso

SLOŽENÍ:
- 3 libry hovězí pečeně
- 1 cibule, nakrájená
- 4 stroužky česneku, nasekané
- 1 hrnek hovězího vývaru
- 1 šálek červeného vína
- 2 lžíce rajčatového protlaku
- 2 lžíce dijonské hořčice
- 1 lžíce worcesterské omáčky
- 1 lžíce nasekaného čerstvého rozmarýnu
- 1 lžíce nasekaného čerstvého tymiánu
- Sůl a pepř
- 2 lžíce olivového oleje

INSTRUKCE:
a) Předehřejte troubu na 350 °F (175 °C).
b) Zahřejte olivový olej ve velké holandské troubě nebo v hrnci vhodném do trouby na středně vysokou teplotu.
c) Hovězí maso osolte a opepřete, poté ho přidejte do hrnce a opékejte ze všech stran, dokud nezhnědne, asi 5–7 minut z každé strany.
d) Hovězí maso vyjmeme z hrnce a dáme stranou na talíř.
e) Do hrnce přidejte cibuli a česnek a restujte do změknutí, asi 3-5 minut.
f) Do hrnce přidejte hovězí vývar, červené víno, rajčatový protlak, dijonskou hořčici, worcesterskou omáčku, rozmarýn a tymián a míchejte, aby se spojily.
g) Hovězí maso vrátíme do hrnce, přikryjeme pokličkou a dáme do předehřáté trouby.
h) Pečte 2–3 hodiny, nebo dokud není hovězí maso měkké.
i) Vyjměte hovězí maso z hrnce a před krájením ho nechte 10–15 minut odpočinout.
j) Podávejte nakrájené hovězí maso s tekutinou na dušení, kterou nalijte navrch. Užívat si!

39. Humr Newburg

SLOŽENÍ:

- 1 lb humřího masa, vařené a nakrájené
- 4 lžíce nesoleného másla
- 4 lžíce univerzální mouky
- 1 šálek mléka
- 1/2 šálku husté smetany
- 1/4 šálku suchého sherry
- 1/2 lžičky soli
- 1/4 lžičky kajenského pepře
- 4 žloutky, rozšlehané
- 1/4 šálku nasekané petrželky

INSTRUKCE:

a) Ve velkém hrnci na středním plameni rozpusťte máslo.
b) Vmícháme mouku a za stálého míchání vaříme 1-2 minuty.
c) Postupně za stálého míchání zašlehejte mléko a hustou smetanu, dokud není směs hladká.
d) Přidejte sherry, sůl a kajenský pepř a míchejte, aby se spojily.
e) Postupně za stálého míchání zašleháme rozšlehané žloutky.
f) Směs vařte na mírném ohni 3–4 minuty nebo do zhoustnutí.
g) Vmícháme nasekaného humra a petrželku.
h) Podávejte horké přes toasty.

40.Parmazán z lilku ve stylu New Yorku

SLOŽENÍ:

- 2 velké lilky, nakrájené na 1/2-palcová kolečka
- Sůl
- 2 hrnky strouhanky
- 1 hrnek strouhaného parmazánu
- 4 šálky omáčky marinara
- 2 šálky strouhaného sýra mozzarella
- Čerstvá bazalka na ozdobu

INSTRUKCE:

a) Plátky lilku posypte solí a nechte 30 minut odležet, aby se uvolnila přebytečná vlhkost. Osušte je.
b) Předehřejte troubu na 375 °F (190 °C).
c) V misce smícháme strouhanku a parmazán. Ve směsi obalte každý plátek lilku.
d) Obalené plátky rozložte na plech a pečte 20 minut nebo dozlatova.
e) Do zapékací mísy navrstvíme marinarovou omáčku, zapečené plátky lilku a mozzarellu. Opakujte, dokud nespotřebujete všechny ingredience.
f) Pečte dalších 25–30 minut, nebo dokud nebudou bublinkové a zlaté.
g) Před podáváním ozdobte čerstvou bazalkou.

41. Hovězí pečeně s jorkšírským pudinkem

SLOŽENÍ:
- 4 lb hovězí pečeně
- 2 lžíce rostlinného oleje
- Sůl a pepř na dochucení
- 1 hrnek univerzální mouky
- 1 lžička soli
- 1 lžička sušeného tymiánu
- 1/2 lžičky černého pepře
- 4 vejce, rozšlehaná
- 1 1/2 šálku mléka
- 1/2 šálku hovězí kapky nebo nesoleného másla

INSTRUKCE:
a) Předehřejte troubu na 450 °F.
b) Hovězí výpek potřeme rostlinným olejem a dochutíme solí a pepřem.
c) Hovězí maso pečte 15 minut, poté snižte teplotu trouby na 350 °F a pokračujte v pečení 1 1/2 až 2 hodiny, nebo dokud vnitřní teplota nedosáhne 135 °F u medium-rare.
d) Zatímco se hovězí maso peče, připravte si těsto na yorkshirský pudink.
e) Ve velké míse prošlehejte mouku, sůl, tymián a černý pepř.
f) V jiné míse prošlehejte vejce a mléko.
g) Postupně přidávejte vaječnou směs k moučné směsi a míchejte, dokud nevznikne hladké těsto.
h) Těsto necháme 30 minut odpočinout.
i) Do zapékací mísy o rozměrech 9 x 13 palců nalijte hovězí kapky nebo rozpuštěné máslo a vložte do trouby, aby se předehřála.
j) 10. Poté, co je hovězí maso hotové, vyjměte ho z trouby a před vyřezáváním ho nechte 10-15 minut odpočinout.
k) Zvyšte teplotu trouby na 450 °F.
l) Připravené těsto nalijeme do horkého pekáče s hovězí kapkou nebo rozpuštěným máslem.
m) Mísu vraťte do trouby a pečte 20–25 minut, nebo dokud pudink nenafoukne a nezezlátne.
n) Pečený hovězí a jorkšírský pudink podávejte společně.

42. Krémová Cheesy Grits

SLOŽENÍ:
- 3 šálky vody
- ½ šálku husté smetany
- 1 šálek rychlé krupice
- 4 lžíce slaného másla
- 1 lžička košer soli
- ½ lžičky mletého černého pepře
- ½ šálku strouhaného smetanového sýra Havarti
- ½ šálku strouhaného ostrého sýra čedar

INSTRUKCE

a) Do středního hrnce na vysokou teplotu nalijte vodu a hustou smetanu. Jakmile dosáhne plného varu, přisypte krupici a prošlehejte. Snižte teplotu na středně nízkou a vařte 30 až 35 minut za občasného promíchání, aby nevznikly hrudky.

b) Přidejte máslo a přisypte sůl, pepř a sýr. Míchejte, dokud není vše krásně krémové a dobře spojené. Vypněte teplo a podávejte s oblíbenými snídaňovými jídly.

43. Kuřecí Fricassee

SLOŽENÍ:
- 1 celé kuře, nakrájené na kousky
- 1/2 šálku mouky
- Sůl a pepř na dochucení
- 4 lžíce másla
- 1 cibule, nakrájená
- 1 mrkev, nakrájená
- 1 řapíkatý celer, nakrájený
- 2 hrnky kuřecího vývaru
- 1/2 šálku bílého vína
- 1/2 šálku husté smetany
- 2 žloutky, rozšlehané

INSTRUKCE:
a) Kuřecí kousky osolte, opepřete a posypte moukou.
b) Ve velké pánvi na středně vysokém ohni rozpustíme máslo a opečeme kuřecí kousky z obou stran.
c) Vyjměte kuře z pánve a dejte stranou.
d) Přidejte na pánev nakrájenou cibuli, mrkev a celer a restujte, dokud zelenina nezměkne.
e) Na pánev přidejte kuřecí vývar a bílé víno a přiveďte k varu.
f) Snižte teplotu na minimum a přidejte kousky kuřete zpět na pánev.
g) Přikryjte a vařte 30–40 minut, nebo dokud není kuře propečené.
h) V malé misce prošlehejte tuhou smetanu a žloutky.
i) Za stálého míchání pomalu nalijte smetanovou směs do pánve.
j) Frikasé zahřívejte ještě pár minut, dokud omáčka nezhoustne.
k) Podáváme horké s rýží nebo bramborovou kaší.

44. Špenát na smetaně

SLOŽENÍ:
- 2 libry čerstvého špenátu, umytého a nakrájeného
- 4 lžíce másla
- 1/4 šálku mouky
- 2 šálky mléka
- 1/4 lžičky mletého muškátového oříšku
- Sůl a pepř na dochucení

INSTRUKCE:
a) Předehřejte troubu na 350 °F.
b) Přiveďte k varu velký hrnec s osolenou vodou.
c) Přidejte špenát do hrnce a blanšírujte 1-2 minuty, nebo dokud špenát nezvadne.
d) Špenát sceďte a propláchněte studenou vodou.
e) Ze špenátu vymačkáme přebytečnou vodu a nasekáme ho nahrubo.
f) Ve velkém hrnci na středním plameni rozpusťte máslo.
g) Vmícháme mouku a za stálého míchání vaříme 2-3 minuty.
h) Pomalu přilévejte mléko za stálého šlehání, aby nevznikly hrudky.
i) Směs přiveďte k varu a vařte 5–7 minut, nebo dokud omáčka nezhoustne.
j) Vmícháme nasekaný špenát a muškátový oříšek a dochutíme solí a pepřem podle chuti.
k) Špenátovou směs přendejte do zapékací mísy a pečte 15–20 minut, nebo dokud není vršek zlatohnědý a křupavý.

45.Kuře a brokolice Alfredo

SLOŽENÍ:
- 1 lb těstovin fettuccine
- 2 lžíce olivového oleje
- 4 vykostěná kuřecí prsa bez kůže, nakrájená na plátky
- Sůl a pepř na dochucení
- 4 šálky růžičky brokolice
- 3 stroužky česneku, nasekané
- 2 šálky husté smetany
- 1 hrnek strouhaného parmazánu

INSTRUKCE:
a) Uvařte fettuccine podle návodu na obalu. Sceďte a dejte stranou.
b) Ve velké pánvi rozehřejte olivový olej na středně vysokou teplotu. Kuře osolte a opepřete a vařte, dokud nezhnědne a nepropeče. Odstraňte z pánve.
c) Do stejné pánve přidejte brokolici a česnek. Dusíme, dokud brokolice nezměkne.
d) Zalijeme hustou smetanou a přivedeme k varu. Vmíchejte parmazán, dokud se nerozpustí a nebude hladký.
e) Přidejte vařené kuře a fettuccine na pánev, promíchejte, aby se obalily v omáčce. Podávejte horké.

46. Bramborový kugel

SLOŽENÍ:
- 6 středních brambor
- 2 vejce
- ½ šálku mouky
- ½ lžičky prášku do pečiva
- 1½ lžičky soli
- ½ lžičky pepře
- ¼ šálku Zkrácení
- 2 střední cibule

INSTRUKCE:
a) Brambory oloupejte a nastrouhejte.
b) Přidejte vejce a šlehejte do hladka.
c) Prosejeme mouku, sůl, prášek do pečiva a pepř. Přidejte do bramborové směsi.
d) Cibuli nastrouháme a orestujeme do světle hnědého tuku,
e) Přidejte do těsta a pečte ve vymazané misce v troubě vyhřáté na 350 °F asi 1 hodinu nebo do křupava a hněda.

47. Brambory Razorback

SLOŽENÍ:
- 6 až 8 velkých oválných brambor
- 1 lžička soli
- pepř podle chuti
- ½ šálku másla
- ½ šálku strouhaného parmazánu
- ⅓ šálku sušené strouhanky

INSTRUKCE:
a) Zahřejte troubu na 450 stupňů F. brambory by měly být oloupané na jednotnou velikost.
b) Nakrájejte každý naskládaný brambor na jednom konci na ¼ palcové plátky pokrývající ¼ palce ode dna, aby plátek zůstal vylíhnutý.
c) Brambory vložíme nakrájenými okraji nahoru do dobře vymazaného mělkého pekáče.
d) Osolíme, opepříme a potřeme kousky másla. Pečeme v troubě 20 minut.
e) Na pánvi občas potíráme máslem. Smíchejte sýr a strouhanku; bohatě posypeme mezi brambory. Nakrájejte každý nahoře.
f) Pečte dalších 25 až 30 minut, za občasného podlévání dozlatova a měkké.

48. Dušené hovězí

SLOŽENÍ:
- 2 libry dušeného hovězího masa
- 2 lžíce univerzální mouky
- 2 lžíce rostlinného oleje
- 1 cibule, nakrájená
- 3 stroužky česneku, nasekané
- 4 šálky hovězího vývaru
- 2 mrkve, nakrájené
- 2 brambory, oloupané a nakrájené
- 1/2 lžičky sušeného tymiánu
- 1/2 lžičky sušeného rozmarýnu
- Sůl a pepř na dochucení

INSTRUKCE:
a) Dušené hovězí maso promícháme s moukou, dokud není maso dobře obalené.
b) Zahřejte rostlinný olej ve velkém hrnci nebo holandské troubě na středně vysokou teplotu.
c) Do hrnce přidejte hovězí maso a vařte, dokud nezezlátne ze všech stran.
d) Do hrnce přidejte nakrájenou cibuli a nasekaný česnek a vařte, dokud cibule nezezlátne.
e) Zalijte hovězím vývarem a míchejte, aby se spojil.
f) Do hrnce přidejte nakrájenou mrkev, brambory, tymián a rozmarýn a míchejte, aby se spojily.
g) Omáčku dochutíme solí a pepřem podle chuti.
h) Snižte teplotu na minimum a nechte dušené maso dusit asi 2 hodiny, nebo dokud maso nezměkne.

49.Biftek koláč

SLOŽENÍ:
- 1 1/2 libry hovězí svíčkové, nakrájené na malé kousky
- 1/4 šálku mouky
- 1 lžička soli
- 1/2 lžičky černého pepře
- 3 lžíce másla
- 1 hrnek hovězího vývaru
- 1 šálek nakrájených hub
- 1/2 šálku nakrájené cibule
- 1/2 šálku nakrájeného celeru
- 1/2 šálku nakrájené mrkve
- 2 lžíce nasekané čerstvé petrželky
- 1/2 lžičky sušeného tymiánu
- 1/4 lžičky sušeného rozmarýnu
- 1 list listového těsta
- 1 vejce, rozšlehané

INSTRUKCE:
a) Předehřejte troubu na 400 °F.
b) Ve velké míse smíchejte mouku, sůl a černý pepř. Přidejte kousky hovězího masa a míchejte, dokud nejsou obaleny moučnou směsí.
c) Rozpusťte máslo ve velké pánvi na středně vysoké teplotě. Přidejte hovězí maso a opečte, dokud nezezlátne ze všech stran.
d) Do pánve přidejte hovězí vývar, houby, cibuli, celer, mrkev, petržel, tymián a rozmarýn. Přiveďte k varu, poté snižte teplotu a nechte 10–15 minut vařit, dokud zelenina nezměkne a omáčka nezhoustne.
e) Listové těsto rozválejte na lehce pomoučeném povrchu a použijte k vyložení 9palcové koláčové formy. Naplňte koláč hovězí směsí.
f) Okraje těsta potřeme rozšlehaným vejcem. Zakryjte horní část koláče zbývajícím pečivem a okraje zamačkejte, aby se uzavřely.
g) Vršek těsta potřeme zbylým rozšlehaným vejcem.
h) Pečte v předehřáté troubě 30-35 minut, dokud těsto nezezlátne.

50. Pinto fazole a šunka

SLOŽENÍ:
- 1 velká šunka nebo uzené krůtí křídlo
- 7 šálků vody
- 3 šálky sušených fazolí pinto, tříděných a omytých
- 1 středně žlutá cibule, nakrájená na kostičky
- 1 lžíce mletého česneku
- 2 lžičky kořenící soli
- ½ lžičky mletého černého pepře
- Nakrájená zelená cibule, na ozdobu (volitelné)
- 2 až 2 ½ šálků dušené rýže

INSTRUKCE
a) Přidejte šunku, vodu, fazole, cibuli, česnek, sůl a pepř do 6litrového pomalého hrnce. Nastavte na vysokou teplotu, přikryjte a vařte 6 hodin.
b) Jakmile jsou fazole hotové, ozdobte je zelenou cibulkou a podávejte s rýží.

51.Boston Pečené fazole

SLOŽENÍ:
- 1 libra navy fazole, opláchnuté a tříděné
- 1/2 libry vepřové soli nakrájené na kostičky
- 1 velká cibule, nakrájená
- 1/2 šálku melasy
- 1/4 šálku hnědého cukru
- 1 lžíce suché hořčice
- 1 lžička soli
- 1/4 lžičky černého pepře
- 6 šálků vody

INSTRUKCE:
a) Namočte fazole přes noc do vody. Sceďte a propláchněte fazole.
b) Předehřejte troubu na 300 °F (150 °C).
c) V holandské troubě nebo velkém hrnci vařte nakrájené slané vepřové maso na středním ohni, dokud nezačne hnědnout.
d) Do hrnce přidejte nakrájenou cibuli a vařte, dokud nebude průsvitná.
e) Do hrnce přidejte namočené fazole spolu s melasou, hnědým cukrem, suchou hořčicí, solí, pepřem a vodou. Míchejte, aby se spojily.
f) Směs přiveďte k varu, poté snižte teplotu a nechte 10 minut vařit.
g) Hrnec přikryjeme a pečeme v předehřáté troubě 6-8 hodin, nebo dokud fazole nezměknou a tekutina nezhoustne do omáčky.
h) Během pečení hrnec občas kontrolujte a v případě potřeby podlijte vodou.
i) Vyjměte z trouby a před podáváním nechte upečené fazole pár minut vychladnout.

52.Pečený plněný jeseter

SLOŽENÍ:
- 1 celý jeseter, očištěný a zbavený šupin
- 1 šálek čerstvé strouhanky
- 1/4 šálku másla, rozpuštěného
- 1/4 šálku mleté petrželky
- 2 lžíce nasekané cibule
- 1 lžička soli
- 1/4 lžičky černého pepře
- 2 lžíce citronové šťávy
- 1/2 šálku bílého vína
- Předehřejte troubu na 350 °F.

INSTRUKCE:
a) V malé misce smíchejte strouhanku, máslo, petržel, cibuli, sůl, pepř a citronovou šťávu.
b) Jesetera naplníme strouhankovou směsí a vložíme do zapékací mísy.
c) Jesetera zalijeme bílým vínem.
d) Mísu zakryjte alobalem a pečte 45–50 minut, nebo dokud není jeseter propečený.
e) Podávejte horké.

53.Lobster Roll ve stylu New Yorku

SLOŽENÍ:
- 4 humří ocasy, vařené a nakrájené
- 1/2 šálku majonézy
- 2 řapíkatý celer nakrájený nadrobno
- 1 lžíce čerstvé citronové šťávy
- Sůl a pepř na dochucení
- 4 housky s párkem v rohlíku
- Máslo na opékání
- Nakrájená pažitka na ozdobu

INSTRUKCE:
a) V misce smíchejte humra, majonézu, celer, citronovou šťávu, sůl a pepř.
b) Zahřejte pánev na střední teplotu. Boky hotdogových buchet potřete máslem a opečte je dozlatova.
c) Každou buchtu naplňte humří směsí a ozdobte nasekanou pažitkou.

54.Vegetariánský bagelový sendvič

SLOŽENÍ:
- 4 bagety všeho druhu
- 8 oz smetanový sýr
- 1 okurka, nakrájená na tenké plátky
- 1 velké rajče, nakrájené na plátky
- Červená cibule, nakrájená na tenké plátky
- Kapary
- Čerstvý kopr na ozdobu

INSTRUKCE:
a) Bagely nakrájejte a opečte.
b) Na každou polovinu bagelů namažte smetanový sýr.
c) Navrstvěte plátky okurky, plátky rajčat, plátky červené cibule, kapary a čerstvý kopr.
d) Sestavte poloviny bagelů a podávejte.

POLÉVKY A POLÉVKY

55. Matzo kuličková polévka ve stylu New Yorku

SLOŽENÍ:
- 4 velká vejce
- 1 šálek macesové moučky
- 1/4 šálku rostlinného oleje
- 1/4 šálku klubové sody
- Sůl a pepř na dochucení
- 8 šálků kuřecího vývaru
- 2 mrkve, nakrájené na plátky
- 2 řapíkatý celer, nakrájené na plátky
- Čerstvý kopr na ozdobu

INSTRUKCE:
a) V misce rozšleháme vejce. Přidejte macesovou moučku, rostlinný olej, sodu, sůl a pepř. Míchejte, dokud se dobře nespojí.
b) Mísu zakryjte a dejte do lednice alespoň na 30 minut.
c) Ve velkém hrnci přiveďte k varu kuřecí vývar. Přidejte mrkev a celer.
d) Namočte si ruce a z macesové směsi tvarujte kuličky. Vhoďte je do vroucího vývaru.
e) Přikryjte a vařte 20–25 minut, nebo dokud nejsou matzo kuličky uvařené.
f) Před podáváním ozdobte čerstvým koprem.

56. Rajčatová bazalková polévka ve stylu New Yorku

SLOŽENÍ:
- 2 lžíce olivového oleje
- 1 cibule, nakrájená
- 2 stroužky česneku, mleté
- 2 plechovky (28 oz každá) celá loupaná rajčata
- 4 hrnky zeleninového nebo kuřecího vývaru
- 1 šálek čerstvých lístků bazalky, nasekaných
- Sůl a pepř na dochucení
- 1/2 šálku husté smetany (volitelně)

INSTRUKCE:
a) Ve velkém hrnci rozehřejte na středním plameni olivový olej. Přidejte cibuli a česnek. Vařte, dokud cibule není průsvitná.
b) Přidáme celá loupaná rajčata a lžící je rozdrobíme.
c) Zalijeme vývarem a přivedeme k varu. Přidejte nakrájenou bazalku.
d) Dochuťte solí a pepřem. Vařte 15-20 minut.
e) Pomocí ponorného mixéru polévku rozmixujte na hladkou kaši. V případě potřeby vmíchejte hustou smetanu.
f) Před podáváním vařte dalších 5 minut.

57. Kuřecí nudlová polévka ve stylu New Yorku

SLOŽENÍ:
- 2 lžíce olivového oleje
- 1 cibule, nakrájená
- 2 mrkve, nakrájené na plátky
- 2 řapíkatý celer, nakrájené na plátky
- 2 stroužky česneku, mleté
- 8 šálků kuřecího vývaru
- 2 šálky vařeného kuřete, nakrájeného na kousky
- 2 šálky vaječných nudlí
- 1 lžička sušeného tymiánu
- Sůl a pepř na dochucení

INSTRUKCE:
a) Ve velkém hrnci rozehřejte na středním plameni olivový olej. Přidejte cibuli, mrkev, celer a česnek. Vařte, dokud zelenina nezměkne.
b) Zalijte kuřecím vývarem a přiveďte k varu. Přidejte nakrájené kuřecí maso, vaječné nudle, tymián, sůl a pepř.
c) Dusíme, dokud nejsou nudle uvařené.
d) V případě potřeby upravte koření a podávejte horké.

58. Hrachová polévka ve stylu New Yorku

SLOŽENÍ:
- 1 libra sušeného zeleného hrachu
- 1 šunka nebo kost uzená kýta
- 1 cibule, nakrájená
- 2 mrkve, nakrájené
- 2 řapíkatý celer, nakrájený
- 3 stroužky česneku, nasekané
- 8 šálků kuřecího nebo zeleninového vývaru
- Sůl a pepř na dochucení

INSTRUKCE:
a) Nakrájený hrášek propláchněte a dejte stranou.
b) Ve velkém hrnci smíchejte hrášek, šunku, cibuli, mrkev, celer, česnek a vývar.
c) Přiveďte k varu, snižte teplotu a vařte asi 1 až 1,5 hodiny, nebo dokud hrášek nezměkne.
d) Odstraňte kýtu, maso nakrájejte a vraťte do polévky. Dochuťte solí a pepřem.

59. Polévka Minestrone ve stylu New Yorku

SLOŽENÍ:

- 2 lžíce olivového oleje
- 1 cibule, nakrájená
- 2 mrkve, nakrájené na kostičky
- 2 řapíkatý celer, nakrájený na kostičky
- 3 stroužky česneku, nasekané
- 1 cuketa, nakrájená na kostičky
- 1 plechovka (15 uncí) fazolí, scezená a propláchnutá
- 1 plechovka (15 uncí) nakrájených rajčat
- 8 šálků zeleninového vývaru
- 1 šálek malých těstovin (jako jsou Ditalini)
- 1 lžička sušeného oregana
- Sůl a pepř na dochucení

INSTRUKCE:

a)   Ve velkém hrnci rozehřejte na středním plameni olivový olej. Přidejte cibuli, mrkev, celer a česnek. Vařte, dokud zelenina nezměkne.

b)   Přidejte cuketu, fazole, nakrájená rajčata, zeleninový vývar, těstoviny, oregano, sůl a pepř.

c)   Přiveďte k varu, poté snižte teplotu a vařte, dokud nejsou těstoviny uvařené.

d)   V případě potřeby upravte koření a podávejte horké.

60. Kukuřičná polévka ve stylu New Yorku

SLOŽENÍ:
- 4 plátky slaniny, nakrájené
- 1 cibule, nakrájená
- 2 brambory, nakrájené na kostičky
- 4 šálky kukuřičných zrn (čerstvých nebo mražených)
- 4 šálky kuřecího nebo zeleninového vývaru
- 1 šálek půl na půl
- 1 lžička sušeného tymiánu
- Sůl a pepř na dochucení

INSTRUKCE:
a)   Ve velkém hrnci opečte slaninu do křupava. Některé odeberte na ozdobu.
b)   Do hrnce přidejte cibuli a vařte do změknutí. Přidejte brambory, kukuřici, vývar, půl na půl, tymián, sůl a pepř.
c)   Přiveďte k varu, poté snižte teplotu a vařte, dokud brambory nezměknou.
d)   Podáváme horké, ozdobené křupavou slaninou.

61.Hovězí a ječmenná polévka ve stylu New Yorku

SLOŽENÍ:
- 1 libra hovězího dušeného masa, na kostky
- 2 lžíce olivového oleje
- 1 cibule, nakrájená
- 2 mrkve, nakrájené na plátky
- 2 řapíkatý celer, nakrájené na plátky
- 2 stroužky česneku, mleté
- 1 šálek perličkového ječmene
- 8 šálků hovězího vývaru
- 1 lžička sušeného tymiánu
- Sůl a pepř na dochucení

INSTRUKCE:
a) Ve velkém hrnci rozehřejte olivový olej na středně vysokou teplotu. Přidejte hovězí maso a opečte ze všech stran. Hovězí maso vyjmeme a dáme stranou.
b) Do stejného hrnce přidejte cibuli, mrkev, celer a česnek. Vařte, dokud zelenina nezměkne.
c) Přidejte ječmen, hovězí vývar, tymián, sůl, pepř a opečené hovězí maso. Přiveďte k varu, poté snižte teplotu a vařte, dokud ječmen nezměkne.
d) V případě potřeby upravte koření a podávejte horké.

62. Klasická newyorská polévka ze škeblí

SLOŽENÍ:
- 2 plátky slaniny, nakrájené
- 1 cibule, nakrájená
- 2 mrkve, nakrájené na kostičky
- 2 řapíkatý celer, nakrájený na kostičky
- 2 stroužky česneku, nasekané
- 1 lžička sušeného tymiánu
- 3 šálky nakrájených brambor
- 2 plechovky (10 oz každá) nakrájené škeble se šťávou
- 1 plechovka (28 uncí) drcených rajčat
- 2 hrnky kuřecího nebo zeleninového vývaru
- Sůl a pepř na dochucení

INSTRUKCE:
a) Ve velkém hrnci opečte slaninu do křupava. Přidejte cibuli, mrkev, celer a česnek. Vařte, dokud zelenina nezměkne.
b) Vmícháme tymián, brambory, škeble se šťávou, drcená rajčata a vývar.
c) Vařte, dokud nejsou brambory uvařené, asi 20 minut.
d) Dochuťte solí a pepřem. Podávejte horké.

63. Francouzská cibulová polévka

SLOŽENÍ:
- 6 šálků nakrájené cibule
- 3 10¾ uncí plechovky hovězího vývaru
- Dash Worcestershire
- Šlehavý pepř
- Pomlčka bílé víno

INSTRUKCE:
a) Na 3 lžících másla zpěníme cibuli a přidáme zbytek ingrediencí.
b) Vařte 20 minut a přidejte sýr.
c) Podáváme s chlebem.

64. Manhattan Clam Chowder

SLOŽENÍ:
- 2 plátky slaniny, nakrájené
- 1 cibule, nakrájená
- 2 mrkve, nakrájené na kostičky
- 2 řapíkatý celer, nakrájený na kostičky
- 2 stroužky česneku, nasekané
- 1 plechovka (28 uncí) nakrájených rajčat
- 2 šálky rajčatové šťávy
- 1 šálek škeble šťávy
- 1 hrnek nakrájených brambor
- 1 lžička sušeného tymiánu
- 1 bobkový list
- Sůl a pepř na dochucení
- 1 šálek nakrájených škeblí

INSTRUKCE:
a) Ve velkém hrnci opečte slaninu do křupava. Přidejte cibuli, mrkev, celer a česnek. Vařte, dokud zelenina nezměkne.
b) Přidejte nakrájená rajčata, rajčatovou šťávu, škeble, brambory, tymián, bobkový list, sůl a pepř.
c) Vařte, dokud nejsou brambory uvařené, asi 20 minut.
d) Přidejte nakrájené škeble a vařte dalších 5 minut. Před podáváním vyjměte bobkový list.

65. Vůl t ail polévka

SLOŽENÍ:
- 1 volský ohon
- 3 porce Zásob
- 1 velká cibule
- 1 nakrájená mrkev
- ½ šálku klaretu
- 1 lžíce másla
- 1 jarní tymián
- ½ šálku nakrájených rajčat
- 1 řapíkatý celer
- 2 prameny petrželky
- 1 bobkový list
- 6 kuliček pepře
- 1 lžíce worcesterské omáčky
- Sůl

INSTRUKCE:
a) Na másle osmahneme maso a cibuli.
b) Přidejte zbývající ingredience a vařte asi 8 hodin.
c) Maso zbavíme kostí a vrátíme do polévky.

66.Rybí polévka

SLOŽENÍ:
- 1 lb bílé rybí filé, nakrájené na kousky
- 2 lžíce másla
- 1 cibule, nakrájená
- 2 hrnky kuřecího vývaru
- 2 šálky mléka
- 2 brambory, oloupané a nakrájené na kostičky
- 1/2 šálku kukuřičných zrn
- 1/2 šálku husté smetany
- Sůl a pepř na dochucení

INSTRUKCE:
a) Ve velkém hrnci na středním plameni rozpusťte máslo.
b) Přidejte nakrájenou cibuli a restujte, dokud cibule není měkká a průsvitná.
c) Do hrnce přidejte kuřecí vývar, mléko, brambory a kukuřici a přiveďte k varu.
d) Snižte teplotu na minimum a vařte 15–20 minut, nebo dokud brambory nezměknou.
e) Přidejte kousky ryby do hrnce a vařte dalších 5–7 minut, nebo dokud není ryba propečená.
f) Vmícháme hustou smetanu a dochutíme solí a pepřem podle chuti.
g) Podávejte horké s krekry nebo chlebem.

PŘÍLOHY A SALÁTY

67. Deli Coleslaw ve stylu New Yorku

SLOŽENÍ:
- 1 malé zelené zelí, nakrájené
- 2 mrkve, nastrouhané
- 1 hrnek majonézy
- 2 lžíce dijonské hořčice
- 2 lžíce jablečného octa
- 1 lžíce cukru
- Sůl a pepř na dochucení

INSTRUKCE:
a) Ve velké míse smíchejte nakrájené zelí a nastrouhanou mrkev.
b) V samostatné misce smíchejte majonézu, dijonskou hořčici, jablečný ocet, cukr, sůl a pepř.
c) Zálivkou přelijte zelí směs a promíchejte, dokud se dobře nespojí.
d) Před podáváním dejte alespoň na 1 hodinu do lednice, aby se chutě propojily.

68. Bramborový salát ve stylu New Yorku

SLOŽENÍ:
- 2 libry červených brambor, vařené a nakrájené na kostičky
- 1/2 šálku majonézy
- 2 lžíce dijonské hořčice
- 1/4 šálku červené cibule, jemně nakrájené
- 1/4 šálku celeru, jemně nakrájeného
- 2 lžíce čerstvé petrželky, nasekané
- Sůl a pepř na dochucení

INSTRUKCE:
a) Ve velké míse smíchejte nakrájené brambory, červenou cibuli, celer a petržel.
b) V samostatné misce smíchejte majonézu, dijonskou hořčici, sůl a pepř.
c) Nalijte dresink na bramborovou směs a míchejte, dokud nebude rovnoměrně pokrytá.
d) Před podáváním dejte alespoň na 2 hodiny do lednice.

69. Waldorfský salát ve stylu New Yorku

SLOŽENÍ:

- 2 šálky jablek, nakrájených na kostičky (použijte směs sladkých a kyselých odrůd)
- 1 šálek celeru, nakrájeného na plátky
- 1 šálek červených hroznů, rozpůlených
- 1/2 šálku vlašských ořechů, nasekaných
- 1/2 šálku majonézy
- 2 lžíce citronové šťávy
- Sůl a pepř na dochucení
- Listy salátu k podávání (volitelné)

INSTRUKCE:

a) Ve velké misce smíchejte na kostičky nakrájená jablka, celer, hrozny a vlašské ořechy.
b) V malé misce smíchejte majonézu a citronovou šťávu.
c) Zálivkou přelijte směs ovoce a ořechů. Házejte, dokud nebude dobře pokrytá.
d) Dochuťte solí a pepřem. Podle chuti podávejte na listech salátu.

70.Špenátový salát se slaninou a modrým sýrem

SLOŽENÍ:
- 6 šálků baby špenátu
- 1 šálek cherry rajčat, napůl
- 1/2 šálku červené cibule, nakrájené na tenké plátky
- 4 plátky slaniny, uvařené a rozdrobené
- 1/2 šálku modrého sýra, rozdrobený
- Balsamico vinaigrette dresink
- Sůl a pepř na dochucení

INSTRUKCE:
a) Ve velké míse smíchejte baby špenát, cherry rajčata, červenou cibuli, slaninu a modrý sýr.
b) Pokapejte dresinkem z balsamico vinaigrette a míchejte, dokud nebude dobře obalený.
c) Dochuťte solí a pepřem podle chuti. Ihned podávejte.

71. Salát Caprese ve stylu New Yorku

SLOŽENÍ:
- 4 velká rajčata, nakrájená na plátky
- 1 libra čerstvého sýra mozzarella, nakrájená na plátky
- Listy čerstvé bazalky
- Extra panenský olivový olej
- Balzamiková glazura
- Sůl a pepř na dochucení

INSTRUKCE:
a) Na servírovací talíř naaranžujte plátky rajčat a mozzarelly, střídejte je a mírně se překrývají.
b) Mezi plátky rajčat a mozzarelly vložte lístky čerstvé bazalky.
c) Pokapejte extra panenským olivovým olejem a balzamikovou polevou.
d) Dochuťte solí a pepřem. Ihned podávejte.

72. Česnekové uzly ve stylu New Yorku

SLOŽENÍ:

- Těsto na pizzu (koupené v obchodě nebo domácí)
- 1/4 šálku nesoleného másla, rozpuštěného
- 3 stroužky česneku, nasekané
- 2 lžíce čerstvé petrželky, nasekané
- Sůl podle chuti

INSTRUKCE:

a) Předehřejte troubu na 400 °F (200 °C).
b) Těsto na pizzu rozválíme a nakrájíme na proužky.
c) Každý proužek svažte na uzel a položte na plech.
d) Smíchejte rozpuštěné máslo, nasekaný česnek, nasekanou petrželku a špetku soli. Touto směsí potřete uzly.
e) Pečte 12–15 minut nebo dozlatova. Podávejte teplé.

73. Caesar salát ve stylu New Yorku

SLOŽENÍ:
- Římský salát, nakrájený
- Obvaz Caesar
- Krutony
- Strouhaný parmazán
- Černý pepř podle chuti

INSTRUKCE:

a) Do velké mísy promíchejte nakrájený římský salát s dresinkem Caesar, dokud nebude dobře obalený.
b) Přidejte krutony a znovu promíchejte.
c) Navrch dejte nastrouhaný parmazán a posypte černým pepřem.
d) Ihned podáváme jako osvěžující přílohový salát.

74. Zapečené makarony a sýr

SLOŽENÍ:
- 2 šálky loketních makaronů, vařené
- 1/4 šálku nesoleného másla
- 1/4 šálku univerzální mouky
- 1/2 lžičky soli
- 1/4 lžičky černého pepře
- 1/4 lžičky hořčičného prášku
- 2 šálky mléka
- 2 šálky strouhaného ostrého sýra čedar

INSTRUKCE:

a) Předehřejte troubu na 350 °F (175 °C) a zapékací mísu vymažte tukem.
b) Ve velkém hrnci rozpusťte na středním plameni máslo. Vmíchejte mouku, sůl, pepř a hořčičný prášek, dokud se dobře nespojí.
c) Postupně zašleháme mléko a za stálého míchání vaříme, dokud směs nezhoustne.
d) Odstraňte z ohně a vmíchejte nastrouhaný sýr čedar, dokud se nerozpustí.
e) Uvařené makarony přidejte do sýrové omáčky a dobře promíchejte. Přendejte do připraveného pekáčku.
f) Pečte 30 minut, nebo dokud nebudou navrchu bublinkové a zlatavě hnědé.

75.Kale a quinoa salát ve stylu New Yorku

SLOŽENÍ:
- 2 šálky uvařené quinoy, vychladlé
- 4 šálky kapusty, stonky odstraněné a listy nakrájené
- 1/2 šálku sušených brusinek
- 1/2 šálku sýra feta, rozdrobený
- 1/4 šálku slunečnicových semínek
- Citronový vinaigrette dresink
- Sůl a pepř na dochucení

INSTRUKCE:

a) Ve velké míse smíchejte uvařenou quinou, nakrájenou kapustu, sušené brusinky, sýr feta a slunečnicová semínka.

b) Pokapejte dresinkem z citronového vinaigrette a promíchejte, dokud se dobře nespojí.

c) Dochuťte solí a pepřem podle chuti. Podávejte vychlazené.

76. Pomerančová marmeláda

SLOŽENÍ:
- 4 pomeranče, nakrájené na tenké plátky
- 1 citron, nakrájený na tenké plátky
- 8 šálků vody
- 8 šálků cukru

INSTRUKCE:
a) Smíchejte nakrájené pomeranče, citron a vodu ve velkém hrnci a přiveďte k varu.
b) Snižte teplotu na minimum a vařte 1–2 hodiny, nebo dokud ovoce nezměkne a tekutina se zredukuje asi na polovinu.
c) Odstraňte hrnec z plotny a nechte 10-15 minut vychladnout.
d) Plátky ovoce vyjměte z hrnce děrovanou lžící a přendejte je na prkénko.
e) Ovoce nakrájejte nadrobno a vraťte do hrnce.
f) Do hrnce přidejte cukr a míchejte, dokud se úplně nerozpustí.
g) Vraťte hrnec na oheň a přiveďte k varu.
h) Snižte teplotu na minimum a marmeládu vařte 30–45 minut, nebo dokud nezhoustne a nedosáhne konzistence podobné džemu.
i) Hrnec stáhněte z plotny a nechte marmeládu pár minut vychladnout.
j) Marmeládu nalijte do sterilizovaných sklenic a pevně je uzavřete.
k) Sklenice zpracujte ve vroucí vodní lázni po dobu 10 minut, abyste zajistili dobré utěsnění.

77. Sladké bramborové hranolky ve stylu New Yorku

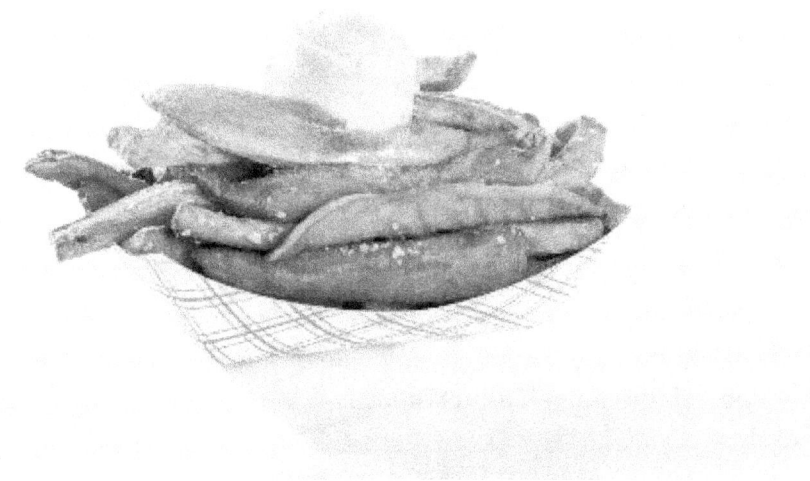

SLOŽENÍ:
- 2 velké batáty, oloupané a nakrájené na hranolky
- 2 lžíce olivového oleje
- 1 lžička papriky
- 1/2 lžičky česnekového prášku
- Sůl a pepř na dochucení

INSTRUKCE:
a) Předehřejte troubu na 425 °F (220 °C).
b) Ve velké misce promíchejte batátové hranolky s olivovým olejem, paprikou, česnekovým práškem, solí a pepřem, dokud nebudou rovnoměrně pokryty.
c) Rozložte hranolky v jedné vrstvě na plech.
d) Pečte 20–25 minut, v polovině otočte, nebo dokud hranolky nezezlátnou a nebudou křupavé.

78.Růžičková kapusta pečená na česneku

SLOŽENÍ:

- 1 libra růžičkové kapusty, oříznutá a rozpůlená
- 3 lžíce olivového oleje
- 4 stroužky česneku, mleté
- Sůl a pepř na dochucení
- Strouhaný parmazán na ozdobu

INSTRUKCE:

a) Předehřejte troubu na 400 °F (200 °C).
b) V misce promíchejte růžičkovou kapustu s olivovým olejem, mletým česnekem, solí a pepřem.
c) Rozložte růžičkovou kapustu na plech v jedné vrstvě.
d) Restujte 20–25 minut, nebo dokud klíčky nezkaramelizují a nezměknou.
e) Před podáváním ozdobte strouhaným parmazánem.

79. Okurkový salát ve stylu New Yorku

SLOŽENÍ:
- 3 okurky, nakrájené na tenké plátky
- 1/4 šálku červené cibule, nakrájené na tenké plátky
- 1/4 šálku čerstvého kopru, nakrájeného
- 1/4 šálku bílého vinného octa
- 2 lžíce olivového oleje
- 1 lžička cukru
- Sůl a pepř na dochucení

INSTRUKCE:
a) Ve velké míse smíchejte nakrájené okurky, červenou cibuli a nasekaný kopr.
b) V malé misce smíchejte bílý vinný ocet, olivový olej, cukr, sůl a pepř.
c) Zálivkou přelijte okurkovou směs a míchejte, dokud se dobře nespojí.
d) Před podáváním dejte alespoň na 1 hodinu do lednice.

80.Klasické makarony a sýr

SLOŽENÍ:
- 1 lb loketní makarony
- 4 lžíce nesoleného másla
- 4 lžíce univerzální mouky
- 3 šálky mléka
- 1 lžička soli
- 1/2 lžičky černého pepře
- 1/4 lžičky muškátového oříšku
- 2 šálky strouhaného sýra čedar

INSTRUKCE:
a) Makarony uvaříme podle návodu na obalu a scedíme.
b) V samostatném hrnci rozpusťte máslo na středním plameni.
c) Přidejte mouku a neustále míchejte 2-3 minuty, dokud není směs hladká.
d) Postupně za stálého míchání přilévejte mléko, aby se netvořily hrudky.
e) Omáčku vařte na mírném ohni za stálého míchání, dokud nezhoustne.
f) Přidejte sůl, pepř a muškátový oříšek a dobře promíchejte.
g) Přidejte sýr a míchejte, dokud se nerozpustí a dobře se nespojí.
h) Uvařené makarony přidejte do sýrové omáčky a míchejte, dokud nebudou dobře obalené.
i) Podávejte horké.

DEZERT

81. Cheesecake ve stylu New Yorku

SLOŽENÍ:

- 2 šálky grahamové drobenky
- 1/2 šálku nesoleného másla, rozpuštěného
- 32 oz smetanový sýr, měkčený
- 1 1/2 šálku krystalového cukru
- 4 velká vejce
- 1 šálek zakysané smetany
- 1 lžička vanilkového extraktu

INSTRUKCE:

a) Předehřejte troubu na 325 °F (163 °C).
b) Smíchejte strouhanku z grahamového sušenky s rozpuštěným máslem a vtlačte na dno formy .
c) Ve velké míse ušlehejte smetanový sýr a cukr do hladka. Přidávejte vejce jedno po druhém a po každém přidání dobře prošlehejte.
d) Vmícháme zakysanou smetanu a vanilkový extrakt.
e) Směs nalijte na krustu a uhlaďte vršek.
f) Pečte 50–60 minut nebo dokud střed neztuhne.
g) Nechte cheesecake vychladnout, než ho dáte do lednice alespoň na 4 hodiny nebo přes noc.

82. Jablečný koláč ve stylu New Yorku

SLOŽENÍ:
- 1 balení chlazených koláčových kůrek (nebo domácích)
- 6 šálků oloupaných a nakrájených jablek (např. Granny Smith)
- 3/4 šálku krystalového cukru
- 2 lžíce univerzální mouky
- 1 lžička mleté skořice
- 1/4 lžičky muškátového oříšku
- 1 lžíce citronové šťávy
- Na polevu Streusel:
- 1/2 šálku univerzální mouky
- 1/4 šálku krystalového cukru
- 1/4 šálku nesoleného másla, chlazeného a nakrájeného na kostičky

INSTRUKCE:
a) Předehřejte troubu na 425 °F (220 °C) a vyložte koláčovou misku jednou koláčovou kůrou.
b) Ve velké míse smíchejte nakrájená jablka, cukr, mouku, skořici, muškátový oříšek a citronovou šťávu. Míchejte, dokud nejsou jablka obalená.
c) Nalijte jablečnou směs do koláčové kůry.
d) V samostatné misce smíchejte mouku, cukr a máslo nakrájené na kostičky na polevu streusel. Pomocí vykrajovátka na pečivo nebo prsty rozmixujte, dokud nebude drobivá.
e) Jablka potřeme zápražkou.
f) Koláč zakryjte druhou koláčovou krustou nebo vytvořte mřížkový vzor.
g) Pečte 45–50 minut nebo dokud kůrka nezezlátne a náplň nebude bublinková.

83. Kukuřičný pudink

SLOŽENÍ:
- 2 šálky čerstvých nebo zmrazených kukuřičných zrn
- 1 šálek husté smetany
- 1/4 šálku univerzální mouky
- 1/4 šálku cukru
- 2 vejce, rozšlehaná
- 2 lžíce nesoleného másla, rozpuštěného
- 1/2 lžičky soli
- 1/4 lžičky černého pepře

INSTRUKCE:
a) Předehřejte troubu na 350 °F (175 °C).
b) Vymažte 2-litrovou zapékací mísu.
c) V míse smíchejte kukuřičná zrna, smetanu, univerzální mouku, cukr, rozšlehaná vejce, rozpuštěné máslo, sůl a černý pepř.
d) Směs nalijeme do vymazané zapékací mísy.
e) Pečte asi 45–50 minut, nebo dokud není pudink nahoře zlatavě hnědý a uprostřed zatuhne.

84. Třešňový pudink

SLOŽENÍ:
- 1 hrnek cukru
- 1 hrnek univerzální mouky
- 2 lžičky prášku do pečiva
- 1/2 lžičky soli
- 1/2 šálku mléka
- 2 šálky čerstvých třešní, vypeckovaných
- 1/2 šálku nesoleného másla, rozpuštěného
- 1 šálek vroucí vody

INSTRUKCE:
a) Předehřejte troubu na 350 °F.
b) Ve střední míse smíchejte cukr, mouku, prášek do pečiva a sůl.
c) Vmíchejte mléko a třešně, dokud se dobře nespojí.
d) Nalijte rozpuštěné máslo do 8palcové čtvercové zapékací misky.
e) Nalijte třešňovou směs na máslo.
f) Višňovou směs opatrně zalijeme vařící vodou.
g) Pečte 40–45 minut, nebo dokud není vršek zlatohnědý a pudink propečený.
h) Podávejte teplé s vanilkovou zmrzlinou nebo šlehačkou.

85. Čokoládová Babka ve stylu New Yorku

SLOŽENÍ:
- 3 1/2 šálků univerzální mouky
- 1/2 šálku krystalového cukru
- 1 lžíce aktivního suchého droždí
- 1 šálek teplého mléka
- 2 velká vejce
- 1/2 šálku nesoleného másla, změkčeného
- 1/2 lžičky soli

K NÁPLNĚ:
- 1 šálek čokoládových lupínků
- 1/2 šálku nesoleného másla
- 1/2 šálku moučkového cukru
- 1/4 šálku kakaového prášku

INSTRUKCE:
a) V míse smíchejte mouku a cukr. V samostatné misce rozpusťte droždí v teplém mléce.
b) K moučné směsi přidejte droždí, vejce, změklé máslo a sůl. Hněteme, dokud nevznikne hladké těsto.
c) Přikryjte a nechte těsto na teplém místě kynout, dokud nezdvojnásobí svůj objem.
d) Na náplň rozpustíme čokoládové lupínky a máslo. Vmícháme moučkový cukr a kakaový prášek.
e) Těsto rozválejte na obdélník a po povrchu rovnoměrně rozetřete čokoládovou náplň.
f) Těsto pevně srolujte do špalku a podélně rozkrojte napůl. Obě poloviny stočíme k sobě a vložíme do vymaštěné ošatky.
g) Necháme babku ještě 30 minut kynout.
h) Předehřejte troubu na 350 °F (175 °C) a pečte 30–35 minut nebo dozlatova.

86. Smažené jablečné koláče

SLOŽENÍ:
- 2 hrnky univerzální mouky
- 1/2 šálku zkrácení
- 1/2 šálku studené vody
- 2 šálky oloupaných a nakrájených jablek
- 1/2 šálku hnědého cukru
- 1 lžička mleté skořice
- 1/4 lžičky mletého muškátového oříšku
- Rostlinný olej, na smažení
- Moučkový cukr, na posypání

INSTRUKCE:
a) V míse smíchejte mouku a tuk, dokud nebude směs drobivá.
b) Do směsi postupně přidávejte studenou vodu a míchejte, dokud nevznikne těsto.
c) Těsto rozválíme na pomoučené ploše a nakrájíme na kolečka.
d) V samostatné míse smíchejte nakrájená jablka, hnědý cukr, skořici a muškátový oříšek.
e) Do středu každého kruhu těsta položte lžíci jablečné směsi a těsto přeložte, okraje přimáčkněte, aby se utěsnily.
f) Zahřejte asi 1 palec rostlinného oleje ve velké pánvi na středně vysokou teplotu.
g) Koláče smažíme na rozpáleném oleji z obou stran dozlatova.
h) Koláče nechte okapat na papírových utěrkách a před podáváním je popraště moučkovým cukrem.

87. Vařený pudink

SLOŽENÍ:
- 4 šálky mléka
- 4 žloutky
- 1/2 šálku cukru
- 1 lžička vanilkového extraktu

INSTRUKCE:
a) Zahřejte mléko v hrnci na střední teplotu, dokud se nezačne vařit.
b) V míse prošlehejte žloutky a cukr, dokud nebudou světlé a napěněné.
c) Horké mléko pomalu nalévejte do vaječné směsi, za stálého šlehání, aby se nesrazilo.
d) Směs nalijte zpět do rendlíku a za stálého míchání vařte na mírném ohni, dokud pudink nezhoustne natolik, aby se potáhl zadní stranou lžíce.
e) Sundejte pánev z plotny a vmíchejte vanilkový extrakt.
f) Pudink přelijte přes jemné síto do mísy, abyste odstranili hrudky.
g) Podávejte teplé nebo vychlazené.

88. Černobílé muffiny ve stylu New Yorku

SLOŽENÍ:
- 2 hrnky univerzální mouky
- 1 šálek krystalového cukru
- 1 lžička prášku do pečiva
- 1/2 lžičky jedlé sody
- 1/4 lžičky soli
- 1/2 šálku nesoleného másla, změkčeného
- 2 velká vejce
- 1 lžička vanilkového extraktu
- 1 šálek podmáslí
- 1/4 šálku neslazeného kakaového prášku

INSTRUKCE:
a) Předehřejte troubu na 350 °F (175 °C) a vyložte formu na muffiny papírovými vložkami.
b) V míse smícháme mouku, cukr, prášek do pečiva, jedlou sodu a sůl.
c) V jiné misce smíchejte změklé máslo, vejce a vanilku. Přidávejte moučnou směs střídavě s podmáslím, počínaje a konče moučnou směsí.
d) Těsto rozdělte na polovinu. Do jedné poloviny vmícháme kakaový prášek.
e) Do každého košíčku na muffiny dejte lžíci vanilkového těsta a poté lžíci čokoládového těsta.
f) Pokračujte ve vrstvení, dokud nebude každý šálek plný ze dvou třetin.
g) Pomocí párátka promíchejte těsta dohromady.
h) Pečte 18–20 minut, nebo dokud párátko zapíchnuté do středu nevyjde čisté.

89.Shoo-Fly Pie

SLOŽENÍ:
- 1 1/2 šálku mouky
- 1/2 šálku hnědého cukru
- 1/2 šálku studeného másla, nakrájeného na malé kousky
- 1 šálek melasy
- 3/4 šálku vroucí vody
- 1 lžička jedlé sody
- 1 koláčová kůra

INSTRUKCE:
a) Předehřejte troubu na 375 °F (190 °C).
b) V míse smíchejte mouku a hnědý cukr.
c) Přidejte studené máslo a míchejte vykrajovátkem nebo prsty, dokud směs nepřipomíná hrubou strouhanku.
d) Nechte si 1/2 šálku drobenkové směsi a zbytek vtlačte na dno koláčové kůry.
e) V samostatné misce smíchejte melasu, vroucí vodu a jedlou sodu.
f) Nalijte melasovou směs na směs drobenky v krustě koláče.
g) Odloženou strouhankovou směsí posypeme melasovou směsí.
h) Pečte 40–45 minut, nebo dokud náplň neztuhne a kůrka nezezlátne.
i) Před podáváním necháme vychladnout.

90. Koloniální perník

SLOŽENÍ:
- 2 hrnky mouky
- 1 lžička jedlé sody
- 1 lžička mleté skořice
- 1 lžička mletého zázvoru
- 1/2 lžičky mletého muškátového oříšku
- 1/2 lžičky soli
- 1/2 šálku melasy
- 1/2 šálku horké vody
- 1/4 šálku rozpuštěného másla
- 1 vejce

INSTRUKCE:
a) Předehřejte troubu na 350 °F (180 °C).
b) Vymažte 8palcový (20 cm) čtvercový pekáč.
c) V míse smíchejte mouku, jedlou sodu, skořici, zázvor, muškátový oříšek a sůl.
d) V samostatné misce smíchejte melasu, horkou vodu, rozpuštěné máslo a vejce.
e) Přidejte mokré ingredience k suchým a míchejte, dokud se dobře nespojí.
f) Těsto nalijte do připraveného pekáče.
g) Pečte 25–30 minut, nebo dokud párátko zapíchnuté do středu perníku nevyjde čisté.
h) Nechte 5 minut vychladnout na pánvi a poté přendejte na mřížku, aby úplně vychladla.

91.Cheesecake s pudinkem na vanilkovém pudinku

SLOŽENÍ:
NA CHEESECAKE:
- 2 šálky grahamové drobenky
- 1/2 šálku nesoleného másla, rozpuštěného
- 4 balíčky (32 uncí) smetanový sýr, měkčený
- 1 1/2 šálku krystalového cukru
- 1/2 šálku univerzální mouky
- 4 velká vejce
- 1 šálek zakysané smetany
- 1 lžíce vanilkového extraktu

NA HORKÝ ČOKOLÁDOVÝ PUDING:
- 1/2 šálku krystalového cukru
- 1/3 šálku neslazeného kakaového prášku
- 1/4 šálku kukuřičného škrobu
- 1/8 lžičky soli
- 2 3/4 šálků plnotučného mléka
- 1 šálek tmavých čokoládových lupínků
- 2 lžíce nesoleného másla
- 1 lžička vanilkového extraktu

NA VANILKOVÝ PARDAN:
- 2 šálky plnotučného mléka
- 1/2 šálku krystalového cukru
- 1/4 šálku kukuřičného škrobu
- 4 velké žloutky
- 2 lžíce nesoleného másla
- 1 lžíce vanilkového extraktu

INSTRUKCE:
a) Předehřejte troubu na 325 °F (163 °C). Vymažte 9palcovou pružinovou pánev.
b) V misce smíchejte drobky z grahamového kreru a rozpuštěné máslo. Směs vtlačte na dno připravené pánve, aby se vytvořila kůrka.
c) Ve velké míse ušlehejte smetanový sýr do hladka. Přidejte cukr, mouku, vejce, zakysanou smetanu a vanilkový extrakt. Míchejte, dokud se dobře nespojí. Nalijte těsto na kůrku.
d) Cheesecake pečte asi 55–60 minut, nebo dokud střed neztuhne. Nechte zcela vychladnout.
e) Na tmavý čokoládový pudink v hrnci prošlehejte cukr, kakaový prášek, kukuřičný škrob a sůl. Postupně zašleháme mléko do hladka. Vařte na středním plameni za stálého míchání, dokud směs nezhoustne.
f) Odstraňte pudink z ohně a vmíchejte čokoládové lupínky, máslo a vanilkový extrakt, dokud nebude hladký. Nechat vychladnout.
g) Na vanilkový pudink v jiném hrnci prošlehejte mléko, cukr a kukuřičný škrob. V samostatné misce rozšleháme vaječné žloutky. Horkou mléčnou směs postupně zašlehejte do žloutků. Vařte na středním plameni za stálého míchání do zhoustnutí.
h) Pudink odstavíme z ohně, vmícháme máslo a vanilkový extrakt. Nechat vychladnout.
i) Jakmile je cheesecake vychladlý, potřete jej vrstvou pudingu z hořké čokolády. Nechte vychladit, dokud neztuhne.
j) Na čokoládový pudink přidejte vrstvu vanilkového pudinku. Cheesecake chlaďte v lednici alespoň 4 hodiny nebo přes noc.
k) Podávejte vychlazené a vychutnejte si tento nebeský tvarohový koláč ve stylu New Yorku s vrstvami tmavého čokoládového pudinku a vanilkového pudinku.

92. Bourbon Cherry Topping

SLOŽENÍ:
- 1 šálek mražených třešní
- 1/4 šálku bourbonu
- 2 lžíce cukru
- 1 lžička kukuřičného škrobu
- 1 lžička vody

INSTRUKCE:
a) V malé pánvi smíchejte mražené třešně, bourbon a cukr.
b) Směs zahřívejte na středním plameni za občasného míchání, dokud se cukr nerozpustí.
c) V malé misce smíchejte kukuřičný škrob a vodu, dokud nebude hladká.
d) Přidejte směs kukuřičného škrobu do třešňové směsi a míchejte, aby se spojila.
e) Pokračujte ve vaření na středním plameni, dokud směs nezhoustne a třešně nezměknou, asi 10-15 minut.
f) Před podáváním na zmrzlinu nebo palačinky sejměte z tepla a nechte mírně vychladnout.

93. Vanilková zmrzlina

SLOŽENÍ:

- 2 šálky husté smetany
- 1 šálek plnotučného mléka
- 3/4 šálku krystalového cukru
- 2 lžičky čistého vanilkového extraktu

INSTRUKCE:

a) Ve velkém hrnci smíchejte smetanu, mléko a cukr.
b) Směs zahřívejte na středním plameni za občasného míchání, dokud se cukr nerozpustí a směs nebude horká, ale ne vroucí.
c) Sundejte pánev z plotny a vmíchejte vanilkový extrakt.
d) Směs přendejte do velké mísy a nechte vychladnout na pokojovou teplotu.
e) Mísu zakryjte plastovou fólií a dejte do chladničky alespoň na 2 hodiny, nebo dokud směs úplně nevychladne.
f) Vychlazenou směs nalijte do zmrzlinovače a šlehejte podle návodu výrobce.
g) Zmrzlinu přendejte do nádoby vhodné do mrazáku a zmrazte do ztuhnutí, asi 2–3 hodiny.
h) Podávejte a užívejte si!

94. Černé a bílé sušenky

SLOŽENÍ:
- 2 1/2 šálků univerzální mouky
- 1/2 lžičky prášku do pečiva
- 1/2 lžičky jedlé sody
- 1/4 lžičky soli
- 1/2 šálku nesoleného másla, změkčeného
- 1 šálek krystalového cukru
- 2 velká vejce
- 1 lžička vanilkového extraktu
- 1 šálek podmáslí
- 2 hrnky cukrářského cukru
- 2 lžíce neslazeného kakaového prášku
- 2 lžíce horké vody

INSTRUKCE:
a) Předehřejte troubu na 375 °F (190 °C) a plechy vyložte pečicím papírem.
b) V míse smíchejte mouku, prášek do pečiva, jedlou sodu a sůl.
c) V jiné míse ušlehejte máslo a cukr, dokud nebude světlá a nadýchaná. Po jednom přidejte vejce a poté vmíchejte vanilku.
d) Přidávejte moučnou směs střídavě s podmáslím, počínaje a konče moučnou směsí.
e) Na připravené plechy nasypte zakulacené lžíce těsta. Pečte 12-15 minut nebo dokud okraje nezezlátnou.
f) V samostatné misce smíchejte cukrářský cukr, kakaový prášek a horkou vodu, abyste vytvořili čokoládovou polevu.
g) Jakmile sušenky vychladnou, potřete polovinu každé sušenky vanilkovou polevou a druhou polovinu čokoládovou polevou.

95. Drobkový dort ve stylu New Yorku

SLOŽENÍ:
- 2 1/2 šálků univerzální mouky
- 1 šálek krystalového cukru
- 1 lžička prášku do pečiva
- 1/2 lžičky jedlé sody
- 1/4 lžičky soli
- 1 šálek nesoleného másla, změkčeného
- 1 velké vejce
- 1 šálek zakysané smetany
- 1 lžička vanilkového extraktu
- Na drobenku:
- 1 1/2 šálku univerzální mouky
- 1 šálek hnědého cukru, zabalený
- 1 lžička skořice
- 1/2 šálku nesoleného másla, rozpuštěného

INSTRUKCE:
a) Předehřejte troubu na 350 °F (175 °C) a vymažte pekáč o rozměrech 9 x 13 palců.
b) Ve velké míse smíchejte mouku, cukr, prášek do pečiva, jedlou sodu a sůl.
c) Přidejte změklé máslo, vejce, zakysanou smetanu a vanilku. Míchejte, dokud se dobře nespojí.
d) V samostatné misce si připravte drobenkovou polevu smícháním mouky, hnědého cukru, skořice a rozpuštěného másla.
e) Těsto rozetřeme na připravenou pánev a rovnoměrně posypeme drobenkovou polevou.
f) Pečte 30–35 minut nebo dokud párátko zapíchnuté do středu nevyjde čisté.

96. Černé a bílé cookie zmrzlinové sendviče

SLOŽENÍ:
- Černobílé sušenky ve stylu New Yorku
- Vanilková zmrzlina

INSTRUKCE:
a) Jakmile černobílé sušenky vychladnou, položte na plochou stranu jedné sušenky kopeček vanilkové zmrzliny.
b) Navrch dejte další sušenku plochou stranou dolů a jemně zatlačte, abyste vytvořili sendvič.
c) Opakujte se zbývajícími sušenkami a zmrzlinou.
d) Případně okraje zmrzliny zarolujte do posypů nebo mini čokoládových lupínků pro extra šmrnc.
e) Zmrzlinové sendviče před podáváním zmrazte alespoň na 1 hodinu.

97. Rugelach ve stylu New Yorku

SLOŽENÍ:

- 2 hrnky univerzální mouky
- 1/4 lžičky soli
- 1 šálek nesoleného másla, změkčeného
- 8 uncí smetanového sýra, změkčeného
- 1/2 šálku krystalového cukru
- 1 lžička vanilkového extraktu
- 1/2 šálku ovocných zavařenin (meruňka, malina nebo dle vašeho výběru)
- 1/2 šálku nasekaných ořechů (vlašské nebo pekanové)
- Moučkový cukr na posypání

INSTRUKCE:

a) V míse smícháme mouku a sůl.
b) V jiné misce utřete máslo, smetanový sýr, cukr a vanilku, dokud nebude hladká.
c) Postupně přidávejte moučnou směs, míchejte, dokud se nespojí.
d) Těsto rozdělte na čtyři stejné části, z každé vytvarujte kotouč, zabalte do plastové fólie a dejte do lednice alespoň na 1 hodinu.
e) Předehřejte troubu na 350 °F (175 °C) a vyložte plech pečicím papírem.
f) Na pomoučeném povrchu vyválejte jeden kotouč po druhém na kruh o tloušťce 1/8 palce.
g) Těsto potřeme tenkou vrstvou ovocných zavařenin a posypeme nasekanými ořechy.
h) Těsto nakrájejte na klínky, každý klínek srolujte od širšího konce a položte na připravený plech.
i) Pečte 15-18 minut nebo dozlatova. Před podáváním popráším moučkovým cukrem.

98.Čokoládový vaječný krém ve stylu New Yorku

SLOŽENÍ:
- 2 lžíce čokoládového sirupu
- 1 šálek plnotučného mléka
- Seltzerská voda

INSTRUKCE:
a) Do vysoké sklenice nalijte čokoládový sirup.
b) Přidejte plnotučné mléko a dobře promíchejte.
c) Za stálého míchání pomalu přidávejte solnou vodu, dokud se nevytvoří pěna.
d) Ihned podáváme s brčkem.

99. Linzer Torte ve stylu New Yorku

SLOŽENÍ:
- 1 1/2 šálku univerzální mouky
- 1 1/2 šálku mletých mandlí
- 1 šálek nesoleného másla, změkčeného
- 1/2 šálku krystalového cukru
- 1 lžička vanilkového extraktu
- 1/2 lžičky skořice
- 1/2 lžičky citronové kůry
- 1 šálek malinového džemu
- Moučkový cukr na posypání

INSTRUKCE:
a) Předehřejte troubu na 350 °F (175 °C) a formu na koláč vymažte tukem.
b) V míse smícháme mouku a mleté mandle.
c) V jiné míse smícháme máslo, cukr, vanilkový extrakt, skořici a citronovou kůru.
d) Postupně přidávejte moučnou směs, míchejte, dokud se nespojí.
e) Dvě třetiny těsta vtlačte na dno formy na dort.
f) Těsto potřeme malinovým džemem.
g) Zbylé těsto rozválíme a nakrájíme na proužky. Proužky položte na džem do mřížkového vzoru.
h) Pečte 35–40 minut nebo dokud okraje nezezlátnou.
i) Před poprášením moučkovým cukrem vychlaďte.

100. Banánový pudink ve stylu New Yorku

SLOŽENÍ:

- 1 1/2 šálku plnotučného mléka
- 1 plechovka (14 uncí) slazeného kondenzovaného mléka
- 1 krabice (3,4 unce) instantní vanilkové pudingové směsi
- 2 šálky husté smetany, šlehačky
- 1 lžička vanilkového extraktu
- 4 šálky vanilkových oplatek
- 4 zralé banány, nakrájené na plátky

INSTRUKCE:

a) Ve velké míse prošlehejte plnotučné mléko, slazené kondenzované mléko a instantní vanilkový pudink do hladka. Nechte pár minut zatuhnout.
b) Vmíchejte šlehačku a vanilkový extrakt, dokud se dobře nespojí.
c) Do servírovací mísy navrstvíme vanilkové oplatky, plátky banánu a pudingovou směs. Vrstvy opakujte.
d) Před podáváním dejte do lednice alespoň na 4 hodiny nebo přes noc.

ZÁVĚR

Na konci naší kulinářské expedice prostřednictvím „Hlavní ikonické recepty new yorku" doufáme, že vás tato kuchařka ponoří do bohaté tapisérie chutí, které definují tep města. Každý recept je milostným dopisem různým komunitám, historickým čtvrtím a kulinářským inovátorům, kteří přispěli k gastronomickému odkazu New Yorku.

Ať už jste znovu vytvořili ikonickou pizzu v newyorském stylu, dopřáli jste si sladkosti černobílé sušenky nebo zvládli umění vyrobit perfektní bagel, věříme, že těchto 100 receptů přineslo do vaší kuchyně kousek městského kulinářského kouzla. Domov.

Když budete pokračovat v objevování pulzující gastronomické scény v New Yorku, kéž jsou tyto recepty zdrojem inspirace, spojí vás s dynamickým duchem města a rozmanitými kulturními vlivy. Zde je nadčasové kouzlo newyorských kultovních receptů a kéž je vaše kuchyně navždy útočištěm mimořádných chutí, které z města dělají globální kulinářskou ikonu!

www.ingramcontent.com/pod-product-compliance
Lightning Source LLC
LaVergne TN
LVHW021710060526
838200LV00050B/2597